教育課程論
改訂版
―2020年代に向けての教育方法論―

はじめに

　教員養成課程における教職科目の内容としては、教職に関わる教養を理解するという領域と、実際の教育現場での実践力を育むという領域とがある。両者は必ずしも明確に区分できない場合もある。20世紀以前の教育理論や教育法規を理解するようなことは、教職教養としてもちろん重要ではあるが、実際の教職の仕事を日常的にこなすうえで直接的に影響することは少ないので、前者の領域になることが多い。一方で、模擬授業や学習指導案作成等は、自分自身が学校現場で教育実践をするための練習として後者の領域にあてはまる。

　それぞれの教職科目15コマの授業のなかでも、教職教養理解と実践力養成と両方の要素が組み込まれている場合が多いが、一般的には教育実習が近づくにつれて、実践力養成という要素は大きくなり、「教育実習指導」等においては授業を円滑に実施するための実践力養成が中心となる場合が多い。教科教育法の授業においても、授業のはじめは学習指導法理論の理解が中心で、次第に模擬授業等のアクティブな要素が強化されていくのが一般的である。

　教育職員免許法及び教育職員免許法施行規則では「教育課程の意義及び編成の方法」の枠のなかに位置づけられる「教育課程論」は、一般的には教職教養の要素が強い。実際に市販されている教職用テキストを確認しても、「学習指導要領の変遷」「日本の教育課程の歴史」「諸外国のカリキュラム」のような要素がほぼ必修項目で、その他に「内容選択の基準」「カリキュラム編成の原理」「カリキュラムと教育現場」「カリキュラムの履修スタイル」「教科のカリキュラム」「教科外カリキュラム」「今後のカリキュラム改革の動向」のような項目がならび、理論面が中心となっている。このことは、公開されている各大学のシラバスを確認しても、ほぼ同じ傾向であり、「教育課程論」

またはその類似した教職科目で、受講者のアクティブな活動が取り込まれていることが明らかであるものは少ない。

本書では、教職科目にアクティブな要素を組み込み、実践力養成を強めたいという立場から、受講者の活動を重視した「教育課程論」を構成している。

そのため、まず、**第1章**で教育課程に関わる基本的な用語を理解し、また、教育課程理解のための視聴覚教材を部分的に紹介し、次章以降のアクティブな活動でこれらの用語や教材の活用を促す。

第2章ではAL(Active Learning)を意識して、教育課程をテーマにした受講者同士の相互交流や学校現場での子どもたちへの説明(講話)や年間行事編成等の課題を具体的に考察する。あらためて、視聴覚教材をまとまった形で紹介もする。

第3章では、戦後に新しく誕生した教科を中心に学習指導要領の変遷を理解する。各教科の指導要領の歴史については、それぞれの教科教育法の授業でも取り扱うので、本書では、教科外(特別活動)の自主的活動を中心として、新しく登場し特徴的な変化のある領域にして学習指導要領の変遷を論じる。

そのうえであらためて**第4章**として2020年代の教育課程論の課題について、英語科教育、カリキュラム・マネジメント、新科目「公共」等を中心に考察する。教育課程論と密接な関係にある教育方法論についても、**特別章**を設けて解説することにより、教職科目「教育方法論」にも対応できるように配慮をしている。

なお、学習指導要領や法令等のまとまった引用は基本的に**斜体**にされている。このなかで、<u>**付与されている下線は、すべて筆者によるもの**</u>である。

目次

第1章　教育課程の意義　　5
　第1節　教育課程用語
　第2節　教職科目における「教育課程論」

第2章　アクティブ・ラーニング　　27
　第1節　スピーチ
　第2節　視聴覚教材

第3章　学校教育の変遷　　52
　第1節　戦後学習指導要領の始まりとその変遷
　第2節　自主的活動と社会科・道徳教育課程の変遷

第4章　2020年以降の教育課程　　77
　第1節　カリキュラム・マネジメント
　第2節　高等学校における新科目「公共」必修化

特別章　教育方法論　　94
　第1節　主体的・対話的で深い学び
　第2節　道徳教育方法論
　第3節　過去の学習指導要領における教育方法論

※「幼稚園、小学校、中学校、高等学校及び特別支援学校の学習指導要領等の改善及び必要な方策等について（答申）（中教審第197号）」＜2016(平成28)年12月21日について、本書では**「学習指導要領の改善及び必要な方策」**と略記している

第1章
教育課程の基本知識

　まず、「教育課程」に関係する基本用語を理解し、それらの用語も活用して、第2章アクティブ・ラーニングで発表や意見交換を実現しよう。

第1節　教育課程用語

1　教育課程に関する基本用語

＜教育課程＞

　教員養成課程における「教育課程」とは、学校教育における教育計画全般を指す。

　過去には教科課程と呼称していた時代もあったが、教科以外の活動も正規のカリキュラムに位置づけられる際に、教科も教科外活動も両者を含むカリキュラムとして、教育課程と呼称される。「**カリキュラムを教育活動と訳していること自体が、特別活動が教科ととに正規のカリキュラム内容であることを示している。**」[1]のである。

　なお、中央教育審議会による「幼稚園、小学校、中学校、高等学校及び特別支援学校の学習指導要領等の改善及び必要な方策等について（答申）（中教審第197号）」＜2016(平成28)年12月21日(以下、本書では「学習指導要領の改善及び必要な方策」と略す)の第1部第4章学習指導要領等の枠組みの改善と「社会に開かれた教育課程」では「教育課程とは、学校教育の目的や目標を達成するために、教育の内容を子供の心身の発達に応じ、授業時数との関連において総合的に組織した学校の教育計画」と定義づけられてい

る。

　受講生自身が経験してきた「教育課程」をふりかえり、その特色を発表することによって理解を深めたい。教員免許取得対象の校種のなかで、受講生にとって最も記憶の新鮮な高等学校について、教育課程に関わる用語を整理してみよう。

　高等学校に設置されている教育課程については、様々な区分がある。まず、本書のタイトルでもある**「課程」**についてである。

<(高等学校の)課程>

　学校教育法第4条において、**定時制課程**は「夜間その他特別の時間又は時期において授業を行う課程」、通信制課程は「通信による教育を行う課程」と定められている。数として多いのは平日昼間に授業をする**全日制課程**であるが、昼間の時間帯に勤労しなければならないその他の事情で定時制課程や通信制課程に通学する生徒も一定数存在する。例えば三部制の定時制課程では、午前・午後・夜間それぞれの「定時」に授業が実施される等の多様な形態が存在する。

<学科>

　次に「学科」がある。学科のなかで、普通科は最もポピュラーで伝統的な学科といえる。国語・数学・理科等の普通教科を中心に学習をするが、特定の教科を中心にして多くの授業が設定されている学科は**「専門学科」**と呼称される。

専門学科(過去の指導要領では専門課程とも表現された)

　普通科目のうち特定の分野、例えば体育・国際・英語・理数・情報・芸術について重点的に学習する。体育科・音楽科・国際(英語)科のような学科は全国規模で存在する。家庭、看護、情報、福祉、理数、美術、演劇その他の学科も存在する。

専門学科に分類される学科の授業では、実習や該当学科独自に設定された科目が多く取り入れられる。2年生、3年生と学年が進行していくとそのような専門学科の科目が増える。普通科以外の特定の分野を重点的に学ぶという点では、専門学科の範疇のなかに職業学科を位置づけることもできるが、職業学科の方が歴史は長い。また、専門学科は同一の学校に普通科も設置されていることが多いが、職業学科の場合普通科設置は稀であり、学校全体が工業高校、農業高校という場合が一般的である。

職業学科(過去の指導要領では職業に関する課程とも表現された)

　農業、工業、商業、水産学科等は長期間にわたって存在している伝統的なものである。実習の授業が多い。過去には、卒業生はそのまま就職する場合が多かったので、授業内容も就職と直接関係の深いものが多い。

　例えば大阪では工業高校の他に工科高校がある。これらを対比した場合、工業高校の方は入試の出願段階で学科希望が分けられている。それに対し、工科高校の場合は、総合募集で入学後1年段階ではほぼ共通の授業がされた後に、2年生以降それぞれの学科に分けられる。どちらにせよ、希望者の多い学科とそうでない学科の偏りが程度の差はあれ各学校に存在するので、定員という枠がある制約のもとでは本人の希望する学科に入ることができない場合もあり得る。そのように考えると、学科の決定する時期について、入学段階がよいのか1年生終了段階がよいのかは判断の難しいところがある。

総合学科

　普通高校、職業高校ではない「第3の学科」として、1990年代に「新しいタイプの高校」として提案され、現在も継続している。「幅広い選択科目の中から生徒が自分で科目を選択し学ぶことで、生徒の個性を生かした主体的な学習を重視することと、将来の職業選択を視野に入れた自己の進路への自覚を深めさせる学習を重視するという、2つの特徴を持つ学科」[2]であるが、当初の理念を確認するためにも中央教育審議会答申から引用してみよう。

総合学科　1991(平成3)年中央教育審議会
新しい時代に対応する教育の諸制度の改革について（答申）

(2) 新しいタイプの高等学校の奨励

　中学校から高等学校へ進学するに際して，生徒が従来の普通高校，職業高校とは異なる，さまざまな新しいタイプの高等学校を選択できることが望ましい。

　近年，国際化，情報化に対応した特色ある教育課程を編成する高等学校や，多様な学科を設置して学科間の枠を越えて履修を認める高等学校など，新しいタイプの高等学校が設置され，高い評価を得ている。例えば，海外から帰国した生徒や外国人の生徒を積極的に受け入れ，国際理解を教育の柱とした高等学校，商業と工業の情報に関する科目を両方学ばせ，時代のニーズに合った情報処理技術者の養成を目指した高等学校，大規模校にした上で，その長所を生かし，多種多様な科目の選択履修を可能にした高等学校等である。

　これまでの高校教育は，とかく画一的になりがちであり，各学校がその特色を十分に発揮しているとは言えなかった。そして，このことが，単一の尺度による学校・学科間の序列意識や偏差値偏重の進路指導等を生む要因の一つとなっていた。これに対して，新しいタイプの高等学校は，生徒の実態や社会の変化に柔軟に対応しようとする試みであり，また，他の高等学校がそれぞれの特色を持ち，活性化を進める上でもパイロットスクールの役割を果たすものと考えられる。

　このような新しいタイプの高等学校については，現在は各設置者の努力と工夫にゆだねられているが，今後は，生徒の選択の幅を拡大するという観点から，国も積極的にその設置を奨励することが必要である。

　普通高校・職業高校とは異なる新しい選択肢を中学生に提供したことには大きな意義がある。ただ、中学生段階であまり進路希望が明確ではない場合には、有力な選択肢ではあるが、大学進学または高校卒業後就職が明らかである場合には、少々中途半端な一面があるともいえる。進路希望が定まって

いない大学生の存在も珍しくはない時代ではあるのだから、時間をかけて自らの進路を考えたい者にとっては存在意義があることは間違いない。

　総合学科という新しい学科も奨励はされているが、学科という観点で区分した場合、学校の数、生徒の人数とも普通科が現在も最も多いことに変わりはない。私立高校では入試段階で「特別進学コース」「特技コース」等のコース別に募集をする場合もあるが、公立高校では入学後にいくつかのコースをおいて、卒業後の進路希望に対応した教育が行われる場合が多い。文系・理系のコース設定をする場合が一般的である。必修となっている科目のほとんどは1年次に配当され、コース選択や選択教科は2年以降に行われることが多い。

文系コース

　主に文系の大学（短期大学を含む）や専門学校への進学を希望する生徒に提供される類型である。国語・地理歴史・公民・英語に重点を置いた教育課程が組まれる。あまり多くはないが、数学の履修も重視した国公立大学文系コースが設定される場合もある。

理系コース

　理系の大学への進学に対応した類型である。数学・理科・英語に重点を置いた教育課程が組まれ、センター試験に対応するため、国語・地理歴史の履修も行われることが多い。数学は数学Ⅲまで履修するのが通常であるが、3年になってから、文系に希望を変更する生徒は少なからず存在する。理科の選択科目は化学および物理・生物から1科目選択させるところが多い。

　大学進学のための指導を強化するようなコースの設定によって、進学希望者をさらに細かくコース分けする場合は、学習意欲の高いコースを理系と設

定される場合も多い。文系から理系に進路変更することは困難であるために、選択肢の幅の広い理系をとりあえず選ぶという場合もある。

＜普通科総合選択制＞

　基礎学力を重視しながら、生徒の興味関心や進路に応じて、幾つか設定された領域（コース）から１つを選んで学習する。生徒は領域ごとに指定された科目を履修する。領域指定科目と必履修科目を除く科目は自由選択科目と呼ばれ、生徒が自由に選択して履修できる。総合学科の系列と異なり、領域は１つを選択して履修する場合が多い。

　選択科目の割合は、一般的に普通科より多く、単位制よりは少ない。また、系列とは異なり、領域は専門性を深めていくものではなく、生徒の興味関心を引き出すために設置されている。どの領域を選択しても、進学・就職両方に対応する場合が多い。

　複数の専門学科が設置されている高校では、入試の出願段階で学科が分けられていることが多く、対比すれば総合選択制の方が深みはないかもしれないが幅広く、多様な内容を学習できる。

＜（普通科）単位制＞

　必修科目以外は、全て選択科目となる。授業は選択した科目ごとに生徒が教室を移動して授業を受ける。クラス単位での授業はほとんどない。学年の概念がなく、異年齢の生徒が普通に同じ授業を受ける。クラス単位の活動は、ホームルームや行事、必履修科目の授業などで行われる。生徒の興味・関心は尊重されるが、授業によって受講人数の偏りが生じやすい。74単位さえ取得できれば卒業とする場合が多く、大学と同様に前期・後期の２学期制を採用しているケースが少なくない。

　職業科の場合は、実習をするための設備や実習場を確保する必要があり、総合選択制や単位制のような人数変動の大きい制度は持ち込みにくいが、例

えば商業科のような場合には普通科を織り込みながら、選択科目を多様に設定している例はある。

　職業科における学科にせよ、普通科におけるコース制にせよ、教育課程という観点から考えれば、生徒が選択する段階がはやいほど深い学習が可能になるといえる。

　以上は高等学校を中心に教育課程を考察する場合の用語であるが、次に、学校教育全般でカリキュラムの種類について説明する場合の用語についてまとめよう。

　最も基本となるのは、教科カリキュラムであり、理科や保健体育など一般的に設定されている教科の枠のなかで編成される。学習指導要領である程度規定されている領域のなかでの教育活動であるから、教科カリキュラムについては学習指導要領をもとにしてあらためて考察する。

　ここでは、いくつかのカリキュラム連携のありかたについて整理することによって第2章のアクティブ・ラーニングで活用することにしたい。教科別に授業担当が異なる中学校・高校では、複数の教科担当者が連携してカリキュラムを編成する作業が小学校の場合と比べると事情が違ってくる。

＜相関カリキュラム＞

　「**教科を並立させたうえで、教科間の相互連携をはかったカリキュラム**」[3]であり、映画「パリ、20区、僕たちのクラス」において、歴史・地理担当の教員フレデリックが、フランス語（日本では国語科）担当のフランソワに対して「授業でフランス革命前から扱うので、フランス語教育で関連のあることはないか」と問いかけ、啓蒙思想家やヴォルテールの作品『カンディード』（1759年）や『ザディーグ』（1747年）を話題にしているのは、相関カリキュラムのひとつの例だといえる。もっと基本的な例としては「家庭科」と「保健体育科」で、食生活や健康のテーマを深めるようなことも相関カリ

キュラムの例である。**視聴覚教材①**映画「パリ、20区、僕たちのクラス」参照

＜融合カリキュラム＞

　複数の教科から共通要素を取り出し、別教科に再編成する。その具体例としては、「理科」と「社会」を融合して「生活科」を創設した経緯がわかりやすい。「**子ども自身の生活環境をとらえる視点を尊重したものとして評価**」[4)]する意見もある。歴史的に考えれば、現在の「国語科」も、いくつかの科目が合体された結果の融合カリキュラムである。
　　視聴覚教材②NHKスペシャル「明治」参照

＜広領域カリキュラム＞

　教科全体を、包括的な大領域にまとめるものであり、「理科」という大領域の広領域カリキュラムのなかに「物理学」「化学」「生物学」は位置づけられる。さらに、理科や数学の一部は自然科学、国語や英語は人文科学という広領域カリキュラムに包括されるのである。

＜クロスカリキュラム＞

　複数の教科の教員が連携し、互いに他の教科の内容との関連を図って編成。戦争というテーマを中心に、「家庭」「国語（文学）」「歴史」などをクロスさせて学習する。広領域カリキュラムを幅広く考えれば、クロスカリキュラムも広領域カリキュラムの一形態であると考えることもできる。

＜コアカリキュラム＞

　中心となる基本的科目を決め、関連科目を周辺に配置するものであり、日本の教育課程の歴史では、1947・1951年学習指導要領(試案)の頃に、「社会科や教科以外の活動をコアにしたコア・カリキュラムの実践が数多く展開」

[5)]された。映画「山びこ学校」では、投書にあった「どんこ節」の話題から、新聞記事で貧困状況にある女性の人身売買「娘売り」を話題にすることにより「社会科」に関連づけ、どんこ節の歌詞に注目するように促すことによって「国語科」に結びつけ、さらに歌う行為によって「音楽」にも関連づけている場面がある。

視聴覚教材③山びこ学校　参照

＜スコープ＞scope

範囲や領域をあらわす。光学機器の名称でもあるが、教育課程用語としては、**「教育目的を実現するために教授する教育課程の内容的な領域ないしは範囲」**[6)]のことをあらわす。

＜シークエンス＞sequence

生物学では配列、数学では列のこともあらわすが、教育課程用語としては、**「教育内容の系統性を考えた配列と学習の順序」**[7)]のことをあらわす。

2　教育課程を編成する主体に関わる用語

他の教職科目でも扱う用語であるが、教育課程編成の主体として、本書ではあらためて整理しておく。

学年会(団)

学年集会も学年会主催の行事ではあるが、校外学習や修学旅行等など学年が中心となって運営する行事はいくつかある。基本的には学年主任を中心として、学級活動・ホームルーム活動で学年全体として他の分掌と連携しながら行事を構成することもしばしばある。

① 教務

分掌としては教育課程編成の中心的な役割である。

教務課が中心となる試験日程等の他にも，他の分掌が取り組む行事の調整も担当することが多い。また、学習指導要領が改訂されたり、学校に新しいコースを設定する場合にも常にこの分掌が中心となって教育課程の調整を行う。

(① 総務・庶務)

式典（入学式・卒業式・始業式・周年行事など）の計画。

② 生徒指導・生活指導部

(② 生徒会部)

文化祭（文化発表会）や体育祭（運動会）等の行事の年間予定作成に関わる。生徒会(児童会)が関わる球技大会その他の行事の運営の主体であり、特別活動全般にこの分掌が関与する行事が多い。

③ 保健部(健康体育部)

身体測定・各種検診の年間計画以外にも、保健指導としての行事の主体となる。

④ 進路指導部

中学校・高校ともに就職活動の関係の方が早期に活動し、進学については、推薦入試、一般入試の順に秋から冬にかけて重要な時期となる。

それ以外にも、自分の進路について考えさせるような進路講話・アンケート実施も進路関係の行事である。進路面談等、生徒への丁寧なカウンセリングは年間を通じて実施しているが、特定の時期にまとめて取り組むようなケースもある。

図書視聴覚部

映画・演劇鑑賞などはこの分掌が中心となる場合が多い。また、委員会活動の活発な学校では、読書会のような行事もある。

人権教育部
人権教育(同和教育)としての講話や映画鑑賞の行事運営の中心である。

上記の①の教務と総務は義務教育の場合は統合されている場合が多い。大規模校の場合に、総務が分離されることがある。教育実習の窓口はこの①の分掌で受け持つことが、ほとんどである。②の生徒指導と生徒会も統合されている場合が多い。一般に生徒会活動の活発な高校では生徒会が独立している。どちらかといえば生徒を統括・管理しておく要素の強い生徒指導と、生徒の自発的活動を促す生徒会とでは、指導上のずれが起こる場合もある。

1975年の学校教育法施行規則の改正により「調和のとれた学校運営が行われるためにふさわしい校務分掌の仕組みを整える」ことをねらいとして主任等の設置が①③は小学校で、①②③④は中学校・高校でそれぞれ規定されている。

なお、「小学校から高等学校まで教育活動全体の中で「基礎的・汎用的能力」を育むもの」としてキャリア教育があるが、狭義の「進路指導」との混同により、中学校・高等学校においては、入学試験や就職活動があることから本来の趣旨を矮小化した取組になっていたり、職業に関する理解を目的とした活動だけに目が行きがちになったり、小学校では特別活動において進路に関する内容が存在しないため体系的に行われてこなかったりしている実態のあることが、「学習指導要領等の改善及び必要な方策等」(2016年)では指摘されている。小・中・高等学校を見通し、かつ、学校の教育活動全体を通じたキャリア教育の充実を図るため、キャリア教育の中核となる特別活動について、その役割を一層明確にする観点から、下記のような「キャリア・パスポート」も提示されているので、教育課程の理解の参考にして欲しい。

小学校から高等学校までの特別活動をはじめとしたキャリア教育に関わる活動について、学びの過程を記述し振り返ることができるポートフォリオとしての機能を持つ教材として議論されている。ここで言う「パスポート」とは、公文書である旅券という本来の意味を超えて、学びの履歴を積み重ねていくことにより、過去の履歴を振り返ったり、将来の学びの予定を考え積み重ねたりしていくことを支援する仕組みを指すものである（参考：国家資格であるＩＴパスポート試験など）。

　既に複数の地方自治体において、「キャリアノート」や「キャリア教育ノート」などの名称で、児童生徒が様々な学習や課外活動の状況を記録したり、ワークシートとして用いたりするなど、子供自らが履歴を作り上げていく取組が行われており、こうした取組も、「キャリア・パスポート（仮称）」と同様の趣旨の活動と考えることができる。こうした既存の取組の成果も参考としながら、各学校が育成を目指す資質・能力を反映するなど、学校や地域の特色を反映できるものにすること、生徒が受動的に作成するだけにならないよう、作成する過程で自らを振り返ることにつながるものにすることなどについて、留意する必要がある。

「学習指導要領等の改善及び必要な方策等」(2016年)第1部　第8章から

校長

　各学校の最高責任者であり、教育課程の編成についても最終的な責任は学校長にあるといえる。中央教育審議会答申「学習指導要領等の改善及び必要な方策等」(2016年)第1部第4章学習指導要領等の枠組みの改善と「社会に開かれた教育課程」では第1節の冒頭にあるように＜教育課程＞を定義づけたうえで、続けて、「**カリキュラム・マネジメント**」を、学習指導要領等を受け止めつつ、子供たちの姿や地域の実情等を踏まえて、各学校が設定する学校教育目標を実現するために、学習指導要領等に基づき教育課程を編成し、それを実施・評価し改善していくことと位置づけている。

そして、その実現に向けては、「**校長又は園長を中心としつつ、教科等の縦割りや学年を越えて、学校全体で取り組んでいくことができるよう、学校の組織や経営の見直しを図る必要がある。**」としている。学校の組織や経営の見直しを図るという踏み込んだ表現からは、「カリキュラム・マネジメント」という名のもとに、教育課程編成における校長の権限をいっそう強めようとする姿勢が読み取れる。

保健体育科
　中学校・高等学校における保健体育科は、保健体育という教科を担当するまとまりであり、同時に球技大会や体育祭（運動会）等の学校行事の運営の中心となる場合が多い。ダンス大会や水泳大会等の体育的な学校行事、スキー修学旅行のような体育的な要素の強い学校行事でも中心的な役割を担うことが多く、その意味において学校全体の年間教育課程を編成するうえで重要な存在である。

養護教諭・栄養教諭
　ともに校務分掌としては保健課に所属することが多く、子どもたちの健康管理において中心的役割を担う。学校医等の学校外の機関との折衝も重要な任務であり、検診の日程調整の窓口となる場合も多い。また、保健指導・栄養指導に関与する場合も多く、その意味では「単独職」でありながら、学校全体の年間教育課程を編成するうえで重要な存在である。

第2節　教職科目における「教育課程論」

　教員養成課程において教職科目「教育課程論」がどのように扱われているのか、歴史的に考察してみよう。まず、概観を簡単にまとめる。

1946(昭和21)年　　「米国教育使節団」来日。

『第1次米国教育使節団報告書』において師範学校を批判
「教育刷新委員会」が内閣に設置。
1949(昭和24)年　教育職員免許法　制定
教育課程論は「教育原理」の枠の中に位置づけられる
1954(昭和29)年　改正教育職員免許法
中学・高校で免許取得のための単位数増加
小学校では教職に関する科目の割合が高まる
1958(昭和33)年　中央教育審議会「教員養成制度の改善方策について」答申
1966(昭和41)年　改正国立学校設置法施行。「学芸学部」から「教育学部」への名称変更。
1988(昭和63)年　教育職員免許法改正(施行は平成元年4月から)
免許取得のための単位数増加。
教職に関する科目の割合が高まる。
「社会・理科・技術など」とそれ以外の教科で単位数統一
(小学校・中学・高校とも59単位)
「生徒指導」「特別活動」に関する科目の新設。
2000(平成12)年　教育職員養成審議会第1次答申(97年)を受けた
教育職員免許法施行
「教科または教職に関する科目」新設
「教科に関する科目」およそ半減
「生徒指導　教育相談」単位数増　「教育実習」単位数増

　1981(昭和56)年に当時の文部省が出版した「学制百年史」をもとに、戦後の教員養成のなかで「教育課程」がどのように扱われてきたかを確認する。第二編　戦後の教育改革と新教育制度の発展「戦後教育史の概況」では、1952(昭和27)年の独立回復前後で戦後の教育史は2期に分けられるとしたうえで「**この時期の措置のなかには戦後教育史上忘れることのできない重要なもの**」として「第一次米国教育使節団報告書」が挙げられている。

この「報告書」において教員養成についてはどのように説明されているのだろうか。同じく「学制百年史」から「第二次訪日アメリカ教育使節団報告書　1950(昭和25)年」とともにその要旨を引用する。

米国教育使節団報告書(要旨)　　1946(昭和21)年3月31日

教授法と教師養成教育　　新しい教育の目的を達成するためには、<u>つめこみ主義、画一主義および忠孝のような上長への服従に重点を置く教授法は改められ、各自に思考の独立・個性の発展および民主的公民としての権利と責任とを、助長するようにすべきである。</u>例えば、修身の教授は、口頭の教訓によるよりも、むしろ学校および社会の実際の場合における経験から得られる教訓によって行われるべきである。教師の再教育計画は、過渡期における民主主義的教育方法の採用をうながすために、樹立せらるべきである。それがやがて教師の現職教育の一つに発展するよう計画を立てるよう提案する。<u>師範学校は、必要とせられる種類の教師を養成するように、改革されるべきである。</u>師範学校は現在の中学校と同程度の上級中等学校の全課程を修了したるものだけに入学を許し、師範学校予科の現制度は廃止すべきである。<u>現在の高等師範学校とほとんど同等の水準において、再組織された師範学校は四年制となるべきである。この学校では一般教育が続けられ、未来の訓導や教諭に対して十分なる師範教育が授けられるであろう。</u>教員免許状授与をなすその他の教師養成機関においては、公私を問わず新師範学校と同程度の教師養成訓練が、十分に行われなくてはならない。教育行政官および監督官も、教師と同等の師範教育を受け、さらにその与えられるべき任務に適合するような準備教育を受けなくてはならぬ。大学およびその他の高等教育機関は、教師や教育関係官吏がさらに進んだ研究をなしうるような施設を拡充すべきである。それらの学校では、研究の助成と教育指導の実を挙げるべきである。

第二次訪日アメリカ教育使節団報告書(要旨)
1950(昭和25)年9月22日

教育活動と教師養成
　教師の職務　教員の補充と選択は日本人の主要問題である。このことは、政府・大学当局ならびにその教師達・文部省・教育委員会・学校行政官および広く一般の人々によって認識されなければならない。立派な資格を持った個人が、日本のあらゆる教室・行政的地位にもいることが目標でなければならない。
　よき教師とは、何よりもよき性格や人格を持ち、教授に必要な知識や理解力を持っていなければならない。また<u>学習指導上必要な専門的洞察力と技倆を持ち、生徒の個性や要求を理解し、適切な指導方法を知っていなければならない。</u>また教師は生徒の属する家庭や社会を知り、父兄や社会との協力の仕方を考えて、児童の学校内外における興味や活動を健全な価値ある方向に仕向ける責任を持っている。

　教師養成の進歩　第一次教育使節団が勧告を発してから四か年半のうちに教師養成の改善に多くの進歩がなされた。師範学校は大学に合併され、教育学部が国立大学に設置された。教員の再教育が行われ、免許資格が拡大された。<u>教師は政策の決定・学習課程の編成・教授法の決定および生徒の指導に非常な役割を持つに至った。</u>

　未解決の問題とその解決法　(新制大学における教師養成)　略
　(教育学部)　略
　(現職教育)　略
　(教育職員の免許)　教員免許の条件は高められた。すべての公立学校教職員は専門の訓練を受け免許状を持つことを要求された。しかし免許法に対して教員および若干の教育指導者をも含む多くの人々から反対がある。けれど

も、これは教員の専門的資格の重要性を認識していないからである。現在の免許法の基準は下げられるべきでなく維持改善されるべきものである。

(教師養成の教育課程)　教師養成の教育課程の再編成は、一般教育・専門教育・教職教育の三方面が認められ進歩がなし遂げられた。しかし一般教養の教育課程については絶えざる研究が必要である。専門科目を重視し過ぎて広い教養をないがしろにしてはならない。衛生と健康教育は教師養成においては重視される必要がある。附属学校・協力学校・保育園・幼稚園等は連絡を密にして、児童の成長の仕方・学び方の観察指導に用いらるべきである。進んだ研究は教育実習を含む実験室の経験について行われる必要がある。ＰＴＡの組織は教師養成機関の奨励と援助を必要とする。ＰＴＡ組織および父兄教育に対する指導力を養う課程も設けられなければならない。

　「つめこみ主義、画一主義および忠孝のような上長への服従に重点を置く教授法」がなされていた師範学校への批判と、「学習指導上必要な専門的洞察力と技倆を持ち、生徒の個性や要求を理解し、適切な指導方法」を新しい教員養成課程では重視していく姿勢が、「第一次米国教育使節団報告書」からは読み取ることができる。

　4年後の「第二次訪日アメリカ教育使節団報告書」では、「学習指導上必要な専門的洞察力と技倆」「生徒の個性や要求を理解し、適切な指導方法」がよい教師には求められ、「教師は政策の決定・学習課程の編成・教授法の決定および生徒の指導に非常な役割を持つに至った。」とされている。教授法や指導法に重点が置かれる一方で、教員養成課程では「一般教養の教育課程については絶えざる研究が必要である。専門科目を重視し過ぎて広い教養をないがしろにしてはならない。」ともされている。

　上記のような報告も影響したためか、1949(昭和24)年の教育職員免許法別表では、例えば小学校又は幼稚園教諭について、最低修得単位数は、一般教養科目が36に対し、教科に関する専門科目が24、教職に関する専門科目が

25、とされていた。中学校・高等学校の教職に関する専門科目の最低修得単位は20である。一般教養の比重が高いといえる。

同年の教育職員免許法施行規則では「教職に関する専門科目の単位」については下記のようにされている。

第5条
小学校又は幼稚園の教諭免許状の授与を受ける場合の教職に関する専門科目の単位は、「教育心理学、児童心理学(成長と発達を含む。)」、教育原理(教育課程、教育方法及び指導を含む。)及び教育実習について、それぞれ4単位以上を修得しなければならない。

第6条
中学校又は高等学校の教諭免許状の授与を受ける場合の教職に関する専門科目の単位は、「教育心理学、青年心理学(成長と発達を含む。)」、教育原理(教育課程、教育方法及び指導を含む。)及び教育実習について、それぞれ3単位以上を修得しなければならない。

この段階では、教育課程論は教職科目「教育原理」3～4単位の中に含まれるような扱いだった。1954(昭和29)年の教育職員免許法では小学校の教職専門科目最低修得単位数は32に引きあげられ、中学校のそれは14に引き下げられる。

そのうえで、同年の教育職員免法施行規則では、教育原理(教育課程、教育方法及び指導を含む。)の記述のなかの( )部分が割愛される。このことについては、1962(昭和37)年の『教育職員免許法関係解釈事例集』でも問答になっており、旧免許施行規則では教育原理に属して考えていたものを、新免許施行規則では第6条第2項に列記されている教職に関する専門科目としてのみ計算することとなるのか、という質問に対して「見解通り」と返答されている[8]。

第6条第2項に列記されているのは、具体的には、「教育哲学、教育史、

教育社会学、教育行政学、教育関係法規、教育財政学、教育統計学、教育評価、教科心理学、学校教育の指導及び管理、学校保健、学校建築、社会教育、視聴覚教育、図書館学、職業指導その他大学の加える教職に関する専門科目」とあるが、教育課程論と領域が重なるものもあり、少なくとも旧教育職員免許法に対比すれば、教職科目における教育課程論の比重が高まったと考えられる。

　1989(平成元)年の教育職員免許法改正では、施行規則の第4欄に「教育課程一般に関する科目」という項目が設けられ、特に幼稚園教諭における教育課程論の比重が高められ、さらに1998(平成10)年の改正では、施行規則の第4欄の大きな枠の名称として「教育課程及び指導法に関する科目」が使われている。この時期の学習指導要領改訂では国旗国歌の指導が強化された。

　従来から「備考」では、下記のように学習指導要領の記載が教職員免許法にも反映されていた。

一　教育課程及び指導法に関する科目は、幼稚園教諭の普通免許状の授与を受ける場合にあっては、<u>教育課程の意義及び編成の方法</u>、保育内容の指導法並びに教育の方法及び技術（情報機器及び教材の活用を含む。）を含むものとし、小学校又は中学校の教諭の普通免許状の授与を受ける場合にあっては、<u>教育課程の意義及び編成の方法</u>、各教科の指導法、道徳の指導法、特別活動の指導法並びに教育の方法及び技術（情報機器及び教材の活用を含む。）を含むものとし、高等学校教諭の普通免許状の授与を受ける場合にあっては、<u>教育課程の意義及び編成の方法</u>、各教科の指導法、特別活動の指導法並びに教育の方法及び技術（情報機器及び教材の活用を含む。）を含むものとする。
二　教育課程及び指導法に関する科目は、学校教育法施行規則（昭和二十二年文部省令第十一号）第三十八条に規定する<u>幼稚園教育要領</u>、同令第五十二条に規定する<u>小学校学習指導要領</u>、同令第七十四条に規定する<u>中学校学習指導要領</u>又は同令第八十四条に規定する<u>高等学校学習指導要領</u>に掲げる事項

に即し、*包括的な内容を含むもの*でなければならない。

2015(平成27)年12月21日に中央教育審議会で答申された「これからの学校教育を担う教員の資質能力の向上について ～学び合い，高め合う教員育成コミュニティの構築に向けて～」では

子供や学校・地域の実態を踏まえて，育成すべき資質能力を踏まえて教育課程をデザインして実施し，評価・改善することや，そのために必要な学校内外のリソースを活用するために地域の人々と協働することなどを含めた，一連のカリキュラム・マネジメントができる力を付けることが必要である。また，教員養成段階においても，上記で列挙された新たな教育課題に対応できる力の基礎を育成できるよう，教職課程の科目全体を精選しつつ，新たな科目の創設や既存科目の改善を図るなど，必要な見直しを行うことが必要である。この際，特に初任段階において研修等により学ぶべき内容との整合性にも留意しつつ，検討することが適当である。

・アクティブ・ラーニングに関する指導力や適切な評価方法は，全ての学校種の教員が身に付けるべき能力や技能であり，教職課程において，これらの育成が適切に行われるよう，児童生徒の深い理解を伴う学習過程やそのための各教科の指導法に関する授業等に取り入れていくことが必要である。

・また，アクティブ・ラーニングの視点からの教育の充実のためには，教員養成課程における授業そのものを，課題探究的な内容や，学生同士で議論をして深め合うような内容としていくことも求められる[9]。

とされており、今回の「見直しのイメージ」では、「教育課程の意義及び編成の方法」の箇所に(カリキュラム・マネジメントを含む)とも明記されていることからも、学習指導要領改訂がそのまま教員養成課程にも反映されているといえる。

また、従来の教育職員免許法及び教育職員免許法施行規則では第4欄＜教

育課程及び指導法に関する科目＞の枠の中に位置づけられていた「道徳の指導法」「特別活動の指導法」「教育の方法及び技術」が、この答申では＜道徳、総合的な学習の時間等の指導法及び生徒指導、教育相談等に関する科目＞の枠の中に移っているのに対して、「教育課程の意義及び編成の方法」は従来の＜教職の意義等に関する科目＞＜教育の基礎理論に関する科目＞という2つの枠が統合された**＜教育の基礎的理解に関する科目＞**の枠に移っている。

　＜教育の基礎的理解に関する科目＞の枠は従来の＜教職の意義等に関する科目＞＜教育の基礎理論に関する科目＞の合計に比して 2 単位しか増加していないにも関わらず、この枠には「特別の支援を必要とする幼児、児童及び生徒に対する理解(1 単位以上修得)」が新たに付加されているので、全体の中で教職科目「教育課程論」の位置づけが相対的に弱められているといえる。

（4）新たな教育課題に対応した教員研修・養成

◆　概要

新たな課題	研修	養成
アクティブ・ラーニングの視点から授業改善	・特定の教科ではなく学校全体の取組としてアクティブ・ラーニングの視点に資する校内研修を推進 ・免許状更新講習の選択必修領域として主体的・協働的な学びの実現に関する事項を追加	・児童生徒の深い理解を伴う学習過程の理解や各教科の指導法の充実 ・教職課程における授業そのものをアクティブ・ラーニングの視点から改善

　また、同時にアクティブ・ラーニング重視の方向性も明らかにされており、「学生同士で議論をして深め合う」と例示もされている。これらのことに配

慮して、本書でも、教育課程についての理論を受講者に教え込むことよりは、学生同士が議論を深め合えるような配慮をしている。

注
1) 山田雅彦『教育課程論』学文社　2016年　p8
2) 矢野裕俊「高等学校学習指導要領と教育課程編成の実際」『教職をめざす人のための教育課程論』北大路書房　2015　p88
3) 山田雅彦『教育課程論』学文社　2016年　p15
4) 白銀夏樹「教育課程編成の思想と構造」『教職をめざす人のための教育課程論』北大路書房　2015年　p21
5) 水原克敏「現代日本の教育課程の歩み」『新しい時代の教育課程』2005年　p51
6) 山崎保寿「教育課程の意義と定義」『教育課程の理論と実践＜第1次改訂版＞』学陽書房　2008年　p42
7) 山崎保寿「教育課程の意義と定義」『教育課程の理論と実践＜第1次改訂版＞』学陽書房　2008年　p42
8) 文部省教職員養成課内教員免許制度研究会『教育職員免許法関係解釈事例集』1962年　p138
9) 中央教育審議会で答申「これからの学校教育を担う教員の資質能力の向上について　～学び合い，高め合う教員育成コミュニティの構築に向けて～」2015年　P42

1章の中間試験例
＜普通科総合選択制＞と＜(普通科)単位制＞とを対比して説明しなさい。
下記のカリキュラムについて説明しなさい
＜相関カリキュラム＞　　＜融合カリキュラム＞
＜広領域カリキュラム＞　＜クロスカリキュラム＞
＜コアカリキュラム＞

第2章
アクティブ・ラーニング

　2015(平成27)年12月21日に中央教育審議会で答申された「これからの学校教育を担う教員の資質能力の向上について　～学び合い，高め合う教員育成コミュニティの構築に向けて～」を受けて、本書でも、受身の学習ではなく、主体的な学びを尊重する意味での「アクティブ・ラーニング(**主体的・対話的で深い学び**)」を取り込む。第1節で説明しているA課題「スピーチ」やB課題「模擬授業」など、形態としての「アクティブ」の一方で、第2節　視聴覚教材では、「主体的・対話的で深い学び」のなかでも、特に「対話的な学び」を実現するための材料として、ビデオや動画を活用して、受講者から多様な読みや意見を引き出したい。討議のための材料という点に配慮してそれぞれの教材の解説し、受講者自身が映像からどのようなことを読み取るか、ということを重視した。

第1節　スピーチ・模擬授業

　<u>教員志望者に求められるスピーチとは、用意された原稿をただ読むだけでのものではないはずだ。単調な語りにならないように、大事な部分で声を大きくしたり、間をあけたりすることが必要となる。原稿を見て話すのではなく、基本的には聴衆の側を見て語りかけることが重要である。</u>これらは、聞き手への配慮のためのものであり、「模擬授業」でも求められることである。
　模擬授業のための学習指導案作成時には、教員からの動きだけではなく、児童・生徒から見れば教員の動きがどのように映っているのかを考える想像が重要である。「導入」「展開」「まとめ」の3段階で授業をすすめる場合、

特に「導入」部分で聞き手である児童・生徒の興味や関心を喚起することがカギとなる。教育実習に向けてのステップとして、模擬授業につなげるためにも、教育課程論の段階でも「スピーチ」をすることは極めて有意義である。

全員必須課題

A （スピーチ課題）
　自分の出身学校の教育課程について紹介し、その特色について考えたことを発表しなさい。グループを構成する場合は、構成員の出身校の教育課程を比較して考察した結果を発表すること。
　発表が後の者は、できるだけ前の発表の教育課程も比較の対象にすること。**特色のある学校行事**等があれば、そのことも発表の中に含めること。**複数の教科で協力したカリキュラム**(催し)の例があれば是非紹介して欲しい。

B （模擬授業の要素も含む課題）
　4月の最初の授業で、あなたは子どもたちに教科(指導)の魅力を伝え、子どもたちに興味や関心を持たせたうえで、その教科(指導)で**1年間**※どのようなことを学習するか(教育課程)を説明する。どのように説明するかその構想をして、授業の場を想定して説明しなさい。
　※ただし、1年間の部分は、学期の区切りでも構わない。

1　なぜ発表をしなくてはいけないのですか
　教員は、多くの人の前で話をしなくてはならない仕事ですので、まず話し方の練習です。黒板を使用してもらいますので、チョークで書く練習でもあります。受講者同士の相互交流でもありますし、様々な教育課程を具体的に知ることによって、自分が受容した教育課程を相対化することもできます。教員から教育課程を紹介するだけの受身の授業ではなく、授業を構成していく主体性も持って欲しいのです。

2　発表の順番は決まっているのですか

　意欲のある者から、順番にします。後に発表する人は、前に発表した内容と類似した内容になることは避けて欲しいです。前に発表された教育課程と共通点・相違点等も発表の中に取り込んで欲しいのです。

3　教育課程を説明する場合の注意点はありますか。

　大規模校の場合は、非常に多くのコースが設定されている場合もありますので、ある程度整理してまとめた発表をする方がよいです。公立か私立か、立地している地方(都市部・山間部など)が教育課程に影響している場合もあります。もともと工業高校だったのが総合学科に改編されたり、途中で教育課程が変化していくような例もありますので、その場合は出身校の歴史について説明する必要もあります。

4　**特色のある学校行事**の例とはどんなものですか。

　恩田陸が『夜のピクニック』新潮文庫(2006年)ｐ9で紹介している、「朝の8時から翌朝の8時まで歩く」「夜中に数時間の仮眠を挟んで前半が団体歩行、後半が自由歩行」というまる一日歩き続ける**「歩行祭」**のような行事や、耐寒登山、宗教的な行事等があります。海が近い学校では海岸の清掃活動、農業系の学校では、食品即売会や屠殺等もあります。例えば沖縄の学校では、沖縄の芸能文化に関わる独自の授業や行事。また、自転車通学の多い学校では学校独自に発行する「自転車免許」を取得するための取り組み等もありました。

　教育現場の具体的な教育課程を理解するうえで、「トントンギコギコ図工の時間」**視聴覚教材④**は参考になる。図画工作の授業の各学年の段階の違いと同時に、6年生が卒業してまた新入生が登場する場面は、別れと出会いの季節である「春」をあらためて意識する。小学校低学年から高学年への変化も重要だが、同時に1年間の経過の中での教育課程についても理解が深まる教材だといえる。

　年間の行事が登場する作品として「塀の中の中学校」もある。(**視聴**

(覚教材⑤参照)
　中学校・高校の場合の年間の教育課程の例を紹介しておこう。
　養護教諭・栄養教諭の場合は、1年間という区切りの方が教育課程をイメージしやすいかもしれない。

＜参考＞年間の教育計画

4月　始業式　入学式　新入生歓迎集会　オリエンテーション
　　　校外学習　→　年度初めであるので、新入生向きの行事が多いと同時に、気候の良好な時期でもあるので、連休周辺に学校外での行事が設定されやすい。新たな人間関係を形成する時期にちょうどよい行事ともいえる。
5月　中間試験
生徒総会　　保護者の総会　→　1学期の半ばにあたるので中学校・高校では中間的な学習理解度を確認する試験が設定される。1年間の活動の方針を決めるような「総会」が実施されやすい時期でもある。保護者の催しは、3者面談のような行事と組み合わされて実施されることも多い。
6月　進路ガイダンス
(体育祭)　→　秋に体育祭を実施しない学校では梅雨前に設定する学校も多い。卒業学年の生徒に対して、進路を意識させるようなガイダンスが設定されたりもする。
7月　期末試験　終業式
三者懇談会　→　1学期の区切りとなるので、そのための行事や試験、また、時間をかけての懇談も設定しやすいので、校種を問わずこの時期に3者懇談が設定されることも多い。
9月
始業式　→　近年は冷房設備の状況により8月から2学期が開始される場合も多い。また、秋に体育祭を実施する場合はこの時期から10月にかけての設定が多い。
10月

中間試験　→　2学期の半ばにあたるので中間的な学習理解度を確認する試験が設定される。

11月

文化祭(学園祭)　→　気候の良好な時期であり、文化系の部活動の発表会等が設定されやすい。

12月　期末試験

終業式　→　2学期の終わりの時期であるが、同時に中学校・高校で卒業後の進路が固まってくる時期でもある。

1月〜3月

3学期制の学校では、始業式と終業式があるが、高校3年生については、授業日数が短く設定される場合も多い。3学期は一般的に中間試験も設定されず、マラソン大会のような行事を除けば大きな行事はあまり設定されない。卒業学年を送り出す雰囲気を含め、校種によってもかなりばらつきの多い時期だといえる。

保健課

　分掌としての保健課は四季の変化のなかでの健康をテーマとするので、年間を通しての教育課程をイメージしやすい。

　以下、養護教諭の場合と栄養教諭の場合を意識して、年間計画の例を紹介する。

　薬物に遭遇する可能性が高い夏休みの前に、その乱用防止教室が設定されている。検診の期間から少し離れた10月と1月に歯科健康に注意を喚起する行事が設定されている。ＡＥＤ講習や歯科に関する講話等は外部講師を招聘しやすい取り組みともいえる。

　栄養指導の方では、それぞれの季節の旬(しゅん)のものに留意され、理科や社会科等の他教科との関わりも意識されている。カリキュラム連携の例ともいえる。

1　養護教諭―年間予定の例(歯科検診で課題の多い学校の場合)

6月まで　各種検診
7月　　薬物乱用防止教室（1年生対象）
10月　歯科健康講座（1年生対象）
11月　保健の日　心肺蘇生法、AED講習（全学年）
1月　　歯と口の健康講座（希望者）

2　栄養指導の例―年間計画　小学6年生対象の場合

4月　旬の食材について知ろう～春～
〈給食〉　・給食の時間に桜もちが出ている事に便乗して、桜もちがどのように作られているかを生徒が給食を食べている間に説明。
・なぜ春に桜もちを食べるのかなどを聞いてもらい「食」に興味を持ってもらう。

6月　お口の健康について知ろう。
〈保健・給食〉・口腔内の健康(虫歯,歯肉炎など)をテーマにした給食を一週間提供し、虫歯の予防について知ってもらう。
・歯の健康について保健の時間に説明する。給食で小魚やグラタンなどのカルシウムの多い食品を食べてもらい、どの食品にカルシウムが多いのか知ってもらう。

7月　育てた野菜で調理をしよう。
〈理科・生物〉・理科の授業で育てたキュウリやトマトを使って調理をする。
・彩りやバランスなどを考えて貰い、栄養教諭が最終チェックする。
・野菜作りを通し植物の成長過程を学べ、調理で調理の楽しさを知る。
・調理の最後は感想などを書いたプリントを提出してもらう。
・家庭科と理科の先生と連携をとりながら行う。

9月　　宿泊学習で夕飯作り
〈野外実習〉・宿泊学習で夕飯を作るにあたり、カレーの食材を何にするかを決めてもらう。　例）きのこカレー、海鮮カレーなど
・カレーを作る分担作業などは特別活動の時間などに決める。
・調理を通して共同作業の大事さを学ぶことができる。

10月　　稲の収穫と精米
(社会・歴史)歴史の時間に習った稲作について、実際に稲の収穫を見て昔の人は苦労して稲を収穫していたことを知って貰う。(今は機械で収穫していることも説明する)
・収穫した稲のもみ殻を実際にとる作業を行い、米にする大変さを知ってもらう。
・昭和初期は機械でもみ殻をとるのではなく、ビンに稲を入れて米にしていたことを知ってもらう。
・ビンに入れて突いた米は家に持ち帰って食べてもらう。

11月　　旬の食材を知ろう〜秋〜
〈給食〉・秋はリンゴやサツマイモ、キノコ、魚などが美味しくなる季節なので秋の旬を食べよう週間を設けて、給食に旬の食材をだす。
・秋に旬を迎える食材は何なのか知ってもらう。
・給食便りに旬の食材を使った料理を掲載し、家庭などでも料理ができるようにする。

12月　　風邪の予防をしよう
〈栄養・保健〉・風邪の予防にはバランスの取れた食事が重要であることを40分の授業で教える。
・12月は寒くなり、体調を崩す子供が多いのでご飯をしっかり食べるように指導する。また、6年の女子は体重などを気にする生徒もいるので配慮する。
・風邪の予防に野菜やお肉が重要であることを説明する。養護教諭にもご協

力頂いて説明をする。
・風邪の予防にはバランスの取れた食事も大事だが、手洗いうがいも大事である事も保健の先生に説明してもらう。

　1月　旬の食材を知ろう〜冬〜
〈給食〉　・給食で七草粥をだす。七草粥に入っている七草について紹介し、日本の行事について給食の時間に説明する。
・なぜこの時期に七草粥を食べるのかを考えてもらう。
・七草粥を食べる理由について説明する。
◎七草の説明

　七草は、早春にいち早く芽吹くことから邪気を払うといわれました。そこで、無病息災を祈って七草粥を食べたのです。古くはまな板の上で、草をトントン叩いて刻むその回数も決められていました。こんな、おまじないのような食べ方も素敵ですが、実はこの七草粥、とても理に叶った習慣です。

　2月　日本の行事と外国の行事について知ろう〈社会・栄養〉
・日本の行事には節分、外国の行事ではバレンタインデーがあり双方の行事を楽しんでもらえる給食を提供する。
・節分の日は手巻き寿司(もしくはいり豆)をだし、バレンタインデーにはチョコレートを出す。
・日本の行事以外にも海外の行事にも興味をもってもらうのが狙い。
・社会の時間に行事について説明をしたあとに行事食を食べてもらう。

　3月　六年生を送る会
〈総合の時間〉
・縦割り班などでお世話になった卒業生と一緒に食事をする。
・学年の違う生徒同士で食事をすることで六年生はリーダーとしての自覚をもつことができ、下級生は先輩にお世話になったお礼を言える。
・給食の内容は赤飯と六年生に人気だったおかずを提供する。

　食育という点で、他教科との連携がされている例として、2010（平成22）

年3月の文部科学省「食に関する指導の手引」第1次改訂版－「第3章 各教科における食に関する指導の展開」から、戦争状況を素材としているものも紹介しておこう。

実践事例
(1) 単元名「長く続いた戦争と人々のくらし」
(2) 目標
中国との戦争、広がる戦争地域、戦争中の国民生活、原爆投下と終戦について調べ、国民は生活において我慢を強いられてきたこと、また中国をはじめとする諸国に、多大な損害を与えたことがわかる。
(3) 食育の視点
○食事は、人間が生きていく上で欠かすことができないという食事の重要性を理解する。＜食事の重要性＞
○健康の保持増進には、栄養バランスのとれた食事が必要であることを理解する。＜心身の健康＞
(4) 指導計画(7時間)
(中略)
「主な学習内容と活動」戦争中の国民生活について調べ、食事の変化から、当時の国民が生活に我慢を強いられたことについて調べる。
「指導上の留意点」給食時間に、戦争当時の食事をした体験を生かし、戦争中の国民生活について調べる意欲をもたせる。
※栄養教諭は、授業者と連携を図り、事前に他の職員や保護者への了解を取るように配慮をする。
(5) 他教科との関連(一部略)
○本単元で学習した戦争中の食糧不足の食生活と今の時代の食生活とを比較しながら考えることは、家庭科で、栄養のバランスがとれた食事の献立を考えることに関連付けて指導することができる。

戦争という社会科と関連の深い領域で食糧事情を扱い、さらに家庭科教育との関連も指摘されており、興味深い実践事例である。

B （模擬授業の要素も含む課題）
「4月の最初の授業で、あなたは子どもたちに教科(指導)の魅力を伝え、子どもたちに興味や関心を持たせたうえで、その教科(指導)で1年間※どのようなことを学習するか(教育課程)を説明する。どのように説明するかその構想を説明しなさい。」の実践例。

1 「家庭科」の場合

(一)では、まず年間予定をそのまま説明し、(二)では子どもたちにどのように話しかけるかが意識されている。(三)では他教科との関わりにも留意されている。

(一) 年間予定のみ

　家庭科の良さは他の教科よりも身近で親しみやすいということである。家庭科（衣食住）を学び自然に身に着けることで自分自身の日常生活で自然と活かすことができる。生活をよりよくするためにも基礎的なことを学び、実際に行動に移すことができるようになることを目的とする。

　1年間では3つのまとまりを学習する。
1、家族・家庭と子どもの成長について
　わたしたちと家族と家庭・地域（家族の働きや家族を支える社会、地域、人とのつながり）
幼児の生活と遊び（自分の成長、幼児の体・心身の発達過程と家族の役割、幼児の遊び・おもちゃ）
　自分自身の家族・家庭の様子を思い出しながら家族、人とのつながりの大切さを知る。

２、食生活と自立
　　健康と食生活（生活習慣と食事、栄養バランスなど）
食品の選択と保存（表示、選択・購入・保存）
地域の食材と食文化（地域の食料と郷土料理、国の伝統料理）
調理をしよう（計画、準備、調理、反省）
基礎的な知識をしっかり身に着けた後調理実習を通して実践する。
３、身近な消費生活と環境
　　①家族生活と消費（消費生活のしくみ）
　　②環境に配慮した消費生活（エコ生活、地域や社会での協力）
　実習もするので安全に配慮し、そのために一人一人がきちんとした知識を身に着けることが大切になる。授業内で実践したことを家庭でも生かすことができればいいと思う。

（二）　どのように話しかけるか　を意識して

　（家庭科に関心を持たせるために、子どもたちに、食事や衣服のことを質問する）
「好きな食べ物はなにか」
「料理はどんなものをしたことがあるか」
「休日はどんな服装をしているか」
　ところどころで、その内容は家庭科の授業のこのあたりに関係しているよ、と説明する。
　4月5月は家族のことや地域のことについて学びます。
　（高齢者との関わり方、小さい子どもとの関わり方、地域の人との関わり方、家族との関わり方等を学び、自分は一人では生きていけないことに気づかせる）

（三）　自分自身の経験や他教科との関連も意識して

4月の最初の授業でまず「家庭における自分の立場」を確認する。
 「今の立場でなくなったとき、就職や進学で家を出て一人暮らしをすることがあるとした場合を考えて欲しい」
 「災害や家庭事情等の場合も含めて、自分の役割を自分で見つけなければならないときもあるかもしれません。」
 「そうした場合に、家庭科で学んだ内容はとても有意義です。」
 「自分自身も大学時代に知り合いの家に下宿していたけれど、高校までは実家暮らしであまり家事もしていなかったので、身のまわりのことを自分でしなければならなくなり、大変苦労しました。」
 （身近で、そして実用的な教科である家庭科で一年間どのような内容をするか説明する）
 「今日の授業では自分自身を見つめてもらいます。次回は家族に関する法律について学習します。財産相続についての法律や、もしも、自分自身が法律違反をしてしまった場合の刑罰等、少し重たいところもありますが、大事なことですので来週に扱います。」
 「3回目以降は、今の生活時間と将来の生活時間の比較などの話をして、それが終われば次は、小さな子どもとのふれあいや接し方について勉強します。具体的な子どもの成長や発達について、画像なども活用して学習します。将来は、親になるかもしれないのですから、一緒に考えていきましょう。」
 「お年寄りの方々について、高齢者問題についても目を向けていきたいです。社会福祉など、社会科の内容とも関係します。夏休み中には、おうちで料理をすることも課題にする予定です」

2　情報科の場合

 まず、生徒に自分の知っている身の回りの「情報」だと思うことを挙げていってもらう。
 情報社会とされる現代において、社会の変化と個人の責任や個人情報とそ

の保護の課題について考える材料を提供し、4月は身近なところでSNSのことをとりあげる。

　SNSでのトラブルについて、何か話題提供できる人があれば、部分的でもよいので発表して下さい。

　その後、電子メールの利用やインターネットの仕組みをテーマにし、Webページの閲覧とメールの仕組みについて説明し、情報セキュリティの問題について考えてもらう。

　個人による安全対策や組織による安全対策があり、安全のための情報技術についても説明したい。知的財産権の概要と産業財産権について法律の面からも理解を促したい。

　2学期以降は、音や画像のディジタル化、関数と統計、表とグラフの活用なども扱っていきます。

3　倫理の場合

　自分自身の青年期に考えていたことを話し、そのことが今の自分形成にどのようにつながっているかを説明したい。

　ソクラテス、プラトン、アリストテレス、ヘレニズム時代の思想は世界史と関連づけたい。啓蒙思想と自由民権思想、キリスト教の受容などは歴史の方でどの程度の学習をしているのかも確認したい。

　儒家思想の展開や老荘思想などの中国の思想については、漢文などとも関連づけながら学習したい。

　日本人の思想—神との関わりや道徳観、仏教の受容、儒教の需要と朱子学は日本史との関わりも確認しながら学習をすすめたい。選択科目であるので、履修している高校生の割合を踏まえての配慮はしていく。

　民主社会の形成としての「社会契約説」や、人格の尊厳としてのカントも扱いたい。個人と社会との調和としての「功利主義」を含め、それぞれの思想家は昔の人で、理屈も難しそうであるが、現代の生きる我々にとっても、

ものの考え方や発想はきっと参考になるはずだ。

　筆者の勤務校で家庭科教員免許養成が歴史的には最も長いので、家庭科のものがやや多くなったが、学生にとって、少々難しい課題ではある。教科書を調べ、そのうえで、目次の構成等を参考にして、授業の場でどのように説明するかを構想する必要がある。
　大変な作業ではあるが、実際に授業をするうえでは、その教科の魅力をうまく伝えることができれば、導入としてはとても効果的になる。教育実習前に、あらためて教育課程を意識してその整理をしておくことは大変重要である。教育課程の編成作業を実際にする機会はそんなに多くはないが、授業の見通しとして教育課程の説明をするようなことはおおいにあり得る。模擬授業にも結びつくことであるし、是非積極的に挑戦して欲しい。

第2節　視聴覚教材

　以下、紹介する視聴覚教材には、これまでの記述で参照したものもあれば、今後の記述で登場するものもある。説明を先にすれば、理解はされやすいが映像を見る前に先入観が生じてしまう。先に映像を見る機会があれば、色々な感じ方が可能になるので、アクティブ・ラーニングの観点から考えれば効果的ではある。
　視聴覚教材のタイミングについては、教育方法として様々に工夫されてよい。授業の進め方や、受講者の様子等が踏まえられるべきである。ただ、テキストとして掲載されている箇所はまとめられている方が見やすいので、この第2節にまとめておくことにする。

①パリ、20区、僕たちのクラス
　2008年フランス映画。フランソワ・ベゴドー監督

映像では、移民の多い学校で進められる言語の授業(日本では国語)が中心。「学級崩壊」に近い状態で国語教師フランソワは『アンネの日記』を読ませた後に、自己紹介文を書かせる。教員同士の打ち合わせや会議の様子も登場する。

14分後 「フランス革命前から扱うので、国語科で関連のあることはないか」「啓蒙思想家は少し難しい」「ヴォルテールはどうかな」という会話の後『カンディード』(1759年)次に『ザディーグ』(1747年)を提案する場面がある。結果的には授業で扱うにはレベルが高く、映像の中では相関カリキュラムが成功しているわけではない。

②「明治」NHKスペシャル　2005年放映

「分」は第1巻全体としての経過時間を示す。

第1巻の「プロローグ」では、12分後に江戸の高い教育水準の利用として京都が紹介され、望楼や京都市学校歴史博物館も登場する。明治4年の日本最初のカリキュラムとして新しい知識を学ぶ「西洋事情」と古典である「孟子」とを同時に学習することを示す資料「小学課業表」も紹介される。続いて明治変革の特徴2「文化の独立」として17分後に明治5年の「学制」とともに当時の授業風景が少しだけ再現される。特徴3「人材の活用」以降は教育にあまり関係がない。

第1集「ゆとりか、学力か」では、沢柳政太郎を中心に明治期のカリキュラムについて説明される。

53分後に、松本市にある現在の開智小学校が沢柳の出身学校として登場。57分後、1872(明治5)年公布の学制のなかでも「学問は身を立(つ)るの財本(もとで)」という箇所が強調される。「門閥制度は親の敵でござる」という福沢諭吉の言葉や、地域住民の寄付活動によって小学校が普及していった経過が説明された後、60分後くらいから現在の開智小学校での授業の様子を紹介する一方で、資料をもとにした明治時代の授業風景の再現映像があり、現

代との共通点や相違点を考察するうえで興味深い。成績により座席が編成されていたことや、教具としての「掛図」「石盤」も紹介もされる。「石盤」では、書いたものを消す前にその内容を覚えなければならず、当時の子ども達の苦労が想像される。66 分後には開智小学校「収蔵庫」にある明治時代の試験問題や解答の資料が紹介され、70 分後には当時の卒業試験の様子(筆記と口述)が再現される。現存する資料と再現映像とが組み合わされながら貴重な映像が進行する。解答用紙を前にして苦闘する姿は今も昔も変わらないものがある。

　岩手県の渋民小学校の資料から、身分に関わらず子どもたちが学習する機会を与えられていたことや、試験が子ども選別のためのものと化していく経過が学習院の斉藤教授の言葉もまじえながら説明される。沢柳の人生そのものがこの時期の学校教育のありかたの象徴的な姿であるともいえる。

　75 分後には当時のすごろく「教育出世双六」が紹介される。ふりだしは小学校に設定され、就職か中学校進学かでまず大きな差があり、1 の目を出し続ければ出世がある一方で、出世から外れるコースもたくさん用意されている。立身出世が「試験と競争を勝ち抜けるかどうか」で決定されることが明らかにされ、永井荷風や二葉亭四迷による当時の教育に対する問題提起も含めて試験制度の弊害も明らかにされる。

　そうした状況のなかで、82 分後くらいから文部省の普通学務局局長に就任した沢柳が教育行政やカリキュラムを変えていく様子が沢柳の孫である新田さんの説明もまじえながら紹介される。84 分後には 1900(明治 33)年に制定された第 3 次小学校令で授業料無償化をした結果就学率が向上したことや、試験偏重傾向を改善した背景が説明される。<u>「読み方」「作文」「習字」の科目を統合して「国語科」が誕生したことは教育課程の変遷を理解するうえで重要である。</u>開智小学校の時間割を確認しても、科目の統廃合により子どもたちの負担が軽減されている。習得すべき漢字数に限度設定(それまでは無制限)、体育(運動)のための運動場設置義務とともに現代の教育にも継続しているものがいくつかある。

しかし、このような政策の結果として、小学校卒業後の中学校の入学試験における進学競争が過熱したり、小学校教育の側では学力低下の問題が指摘されたりもする。軍隊の側からも 20 歳徴兵者の学力不足が指摘され、1907(明治40)年(画面にこの年の普通学務局通牒が表示)に、結果として、学力測定としての試験が復活する。1908(明治41)年に文部省を去った後も、沢柳は模索を続け小学校教員へのアンケート調査を実施する。

　アンケート結果から当時の学校教育の画一性や知識偏重傾向、「外面的装飾的」傾向を認識したうえで、1917(大正6)年には沢柳が成城小学校を設立し、現在の成城小学校の授業風景もまじえながら、新しい教育である「自由教育」を推進した流れが説明される。1927(昭和2)年の沢柳の死後は軍国主義が学校教育も圧倒するが、1945(昭和20)年敗戦後のアメリカ教育使節団の報告で、試験偏重の日本の教育があらためて批判されていることが最後の方では紹介される。「ゆとりか、学力か」で揺れ動く明治時代の**教育課程の変遷は、現代の教育課程を理解するうえでも重要な資料である。**

③山びこ学校　　1952年日本映画　今井正監督

　綴方(作文)を集めた学級文集『きかんしゃ』ができるまでを描いているが、当時の授業風景も登場する。

　67 分後　身近に心臓弁膜症で入院している子どもの話題から心臓を黒板に書いて説明する

　78 分後　投書にあった「どんこ節」の話題から、新聞記事で貧困状況にある女性の人身売買「娘売り」を話題にした後、どんこ節の歌詞に注目するように促す。自分たちの生活とどのようにつながっているのかを考えるように促す。

　85 分後　母の死によって祖母と2人暮らしとなり、生活に困窮する生徒の経済状況を黒板に書き出し、計算し、家計を皆で助けることを決定する。算数教育に関連している。

④トントン・ギコギコ図工の時間
 2004年日本映画　野中真理子監督

　最初に「宝物室」が紹介されてから「図工室」が登場する。

　2分後には、まず2年生による「ねんど」の授業の様子。図工専科である内野先生が何度か登場する。デジカメやネクタイ付き猫の製作過程が紹介され、子ども自身による作品解説もある。

　9分後「あちらこちらで図工の時間が減らされるなかで1年生から6年生まで週に1回2コマ続きの図工を確保」という説明があり、その後5年生による椅子作成「わたしのイス」。4回8時間という授業計画も明らかにされている。作品の構想やのこぎりの様子が映像におさまっている。完成品は学外に持ち出し、野外に作品を置いてみることによる鑑賞場面もある。

　小柄な「ふくちゃん」も奮闘している。運動会で騎馬戦をしている場面や放課後に遊んでいる様子も登場する。「ふくちゃん」は6人きょうだい。小3の妹のありさちゃんが図工で作成した木の作品「みんな大好き　大家族」が紹介される。表現活動が組み込まれた科目では、家族の様子が授業の中で反映されることもある。姉妹での放課後の様子やインタビューで話す場面もあり、作文も紹介される。男子が野外で遊ぶ場面。

　37分後にははじめてクギを打つ3年生。「最初はドンドン。手を放してドンドン」と先生が指導する。木に打たれたクギによって顔の表情を表したりする課題。ここでも子どもが作品解説。

　48分後。抽選で席が決定された5年生が、風神雷神の説明後に版画作成。図鑑に掲載されている作品紹介の後、作業。「ふくちゃん」再登場。中学受験準備の塾通いのために帰宅が21時以降になると話す子どももいる。

56〜60分後には短時間で次々に作品が紹介される。「王さまのかわいい赤ちゃん」では、手に絵の具をつけて　赤ちゃんが描かれる。「ウォーター　パラダイス」は水流を活用しており、「カーペンターズ」とともに運動場での立体的な作品であり、夏に近い時期の取り組みであることが映像から読み取

れる。「チャレンジ ティンゲリー」は作品のみの紹介。説明はされないが、スイスの彫刻家「金属製品の廃品による動く彫刻」と推測され、実際に作品が自動的に動き、高度な技術が使用されているようにも思わせる。「建築家の夢」も特に解説はされず、学年等も明示はされていない。

　60分後から6年生の「みなみちゃん」「ともちゃん」に焦点が当てられる。課題「1枚の板から」。2人とも放送委員であり、委員会活動の様子も映像にある。中学校受験を控える大島さんは、作品の白鳥を羽ばたかせる蝶番取り付けは受験後に作業をする。みなみちゃんはメリーゴーランド、ともちゃんは半円形の入れ物を作成。

　78分後。6年生の最後の図工。10時間の作業の最終仕上げとなる。2月25日ということがトラックのナンバープレートから判断できる。
「いつまでも終わりにしたくないんですが終わりなんですよ」と先生が話す。
「さいごのずこうでとても卒業をじっかんしました」
「卒業制作が終りだんだんと卒業に向かっていくのがさびしくてたまりません」と制作日誌に書かれている。

　卒業制作展覧会の様子があり、92分後には桜の映像。ふくちゃんが6年生になったことが紹介され、さらに、新入生が初めての図工室授業。毎回座席くじによる「席替え」があることが説明され歓声。6年生の卒業と新入生の初々しさが連続的して登場し、学校にとっての「1年間」という区切りをあらためて感じさせる。

⑤　塀の中の中学校　　2010年放映　清弘誠 監督

　長野県松本市にある「松本市立旭町中学校桐分校」がモデルとなっている。
　本当は写真家になりたかった教員(法務教官)として副担任の石川がいる。入学式の式辞の後、最初のホームルームでは、**60分授業が7コマ実施され、合計14科目学習するという教育課程・カリキュラム**が説明される(上映6～7分後)。昼休みの30分以外は「私語禁止」というところが一般の学校とは大きく違う。学校に在籍しているあいだは刑務作業が免除される。

「食事中や入浴中も私語を禁止するのは生徒同士が仲良くなることを阻止するためであり、仲良くなると出所後に犯罪計画をたてる場合もあるからだ」と後からナレーション(石川)で解説される。

植物を育てることによって「生きるものの力」を感じるために鉢が配られる。梅雨を過ぎる頃から生徒たちの学力が伸長し始めるが、同時に石川は写真コンクールの結果が気になる。

貸し借りの関係も固く禁止されており、模範となるような行動をした者に配られるシュークリームを食べきれない高齢者がそれを若い者に譲ろうとしても禁止される場面がある。「こんな閉ざされた社会から早く抜け出したい」と石川はあらためて強く願い、もしコンクールで入賞したら転職をしたいと構想する。

道徳の授業で、石川は各自の夢について発表する課題を指示するが、生徒からの反応を前にして、むなしさをいっそう強くする。一方で、学力の伸びについては個人個人の格差が拡大していき、小山田は次第に学習意欲をなくし、学校をやめることを願うようになる。

地理の授業では、出身地域についての調べ学習の課題があり、月曜1時間目にその成果を皆の前で発表する予定であったが、写真コンクールで選外となった石川は発表の前日の日曜に東京まで行き自分が落とされた理由をたずねに行き、自らの力量不足を自覚させられ、自宅で酔いつぶれる。そのまま、月曜の朝二日酔いのため寝坊してしまう。

人生ではじめてともいえる人前での研究発表の準備をすすめてきた生徒たちは、地理授業の突然の中止に対して緊張が切れてしまう。飲酒していたことが明白である石川の状況を前にして、生徒たちは憤慨する。全員で石川を囲み、「仕事をなめてやしないか」と責める。暴力沙汰直前になったこの事件が石川の姿勢を変容させる契機ともなる。

処分として、石川には厳重注意。生徒たちは3日間の「閉居罰」さらに秋の遠足が中止措置となる。

特に学力の低い小山田と原田の 2 人に対して個人授業をしようという提

案に対して反対意見もあったが、石川は自分からこの個人授業にすすんで取り組む。**12月になり、年賀状を書く課題**の際には、家族に迷惑をかけることを懸念して、生徒たちは自分宛に手紙を書く。**カップめんの年越しそばと、正月にはおせち料理もあり、年間行事が存在している。**

　新年になると小山田の退学の意志がいっそう強くなる。「(自分が)勉強ができないことによって、いじめをしてしまう」という趣旨の告白もある。小山田は植物の世話をするのが大好きである。しかし、「好き」なだけではそれを仕事とすることは難しい。そのようなことを写真好きの石川が自分の生き方と照らし合わせて告白をしているときに、小山田が自殺騒ぎを起こす。自殺は川田によって阻止され、最終的に小山田は退学していく。川田は自分自身の自殺願望を抑制する。

　冬に、校外学習である行事―遠足が実現する。「手錠も腰縄も持って行かない。持っていくのは信頼だけだ」という言葉が印象的である。松本市立旭町中学校に着いた生徒たちは、素足で地面を踏みしめ、その触感を楽しむ。そんな彼らを現役の中学生が歓声とともに手を振る。

　卒業式では、川田による「答辞」がある。最後に「栄冠は君に輝く」が歌われる。卒業式の後、あらためて佐々木と石川先生が話す場面もある。

⑥　「新しい教室」　　1948(昭和23)年

　敗戦から立ち上がり、貧しくとも生き生きと輝いていた子供たちのために上映されたシリーズをDVD化した「昭和こどもキネマ」の第2巻(児童映画編1)におさめられている。班発表や課外授業など、子供たちの自主性を大切にした学習を行なっている小学校で、地味な勉強はあまり好まず遊び好きの横山君が、音楽や課外授業では思わぬ才能を発揮し、学級の仲間に認められ、次第に勉強の楽しさを知っていく姿を描いている。

　教室の座席は班活動のために子どもたちは向き合うように机が設定されている。教員から見れば、横を向いている構図となる。

(黒板に記入)
3月4日　きょうの学習計画
1　文の研究
2　温度調べ
3　作曲の発表
4　見学の計画

　横山君は1の文の研究では調べ学習をしていない。野外で植物観察の学習の後、黒板に書かれた楽譜を見て、1拍足りないことを指摘した横山君はハーモニカ演奏を披露する。

　消防見学では、高いビルの消火に関心を持ち、仕事の様子を見学する。はしごを登る横山君は、はしごの揺れを体感する。「なぜ、はしごは揺れるか」については、理科でまた勉強しようと先生が発言し、他教科に関連づけようとする姿勢が感じられる。

(黒板に記入)
3月6日(土)　きょうの学習計画
1　見学の感想発表
2　「楽しい学習」のおけいこ
3　春の草花写生
4　体育(リズム運動)
※「楽」「草」が旧字である
この時期の教員の文章では、旧字と新字が混じっていたことが想像される。

⑦　「ぼくらの教室」1948(昭和23)年

　⑥と同じく昭和こどもキネマシリーズの 第5巻(児童映画編3)におさめられている。1948(昭和23)年から1950(昭和25)年に制作された3作品のなかのひとつ。

　駅の様子を写生している様子から始まる。何を調べるか？どのように調べ

るか?問いかけが繰り返され、駅の何を調べるかについて子どもの主体性を導き出しながら授業がすすめられる。現在の体験学習や総合学習につながる要素もある。基本的には 1947 年学習指導要領(試案)の頃の学習風景があらわされている。(第 3 章参照)

18 分後子どもたちによる発表。定期の客と切符の客の人数をグラフにしている。「学校だけが教室ではない」というメッセージが発せられている。

　「女性の駅員さん」に対する女生徒の発言や「社会科って、この犬のこと?」という母親の発言が、興味深い。

　師範学校の卒業生と思われるこの時期の教員によって書かれた黒板の文字は基本的に縦書きで同じ字形であり、整って見える。

「子どもグラフ」には、フォークダンスをする子ども達や、手さげかばん・かわいい帽子・ジェット機等の紙の工作をする姿もおさめられている。

〇第八号 学校だより「フォークダンス」(福岡県田隅小学校)「かみの工作」(折り紙切り紙飛行機) 他 <「こどもニュース」No.2~No.6(昭和 21 年~昭和 22 年)>など

⑧ 『日本の戦後　第 6 回くにのあゆみ　戦後教育の幕あき』 　　　 ＮＨＫ　1977 年放映　　(DVD　2012 年発売)

　ＧＨＱは日本の戦後民主教育の第一歩として、軍国主義教育の廃止と軍国主義教育者の追放を行う。教職員の適格審査などで混乱する一方で、新しい歴史教科書「くにのあゆみ」が家永三郎を含む 4 人の学者の手で編集される。貴重な証言や日米双方の資料をもとに、日本の戦後教育の幕あきが描かれているが、特に教科書に関係する部分が教育課程に関わりが深い。

　国史から「くにのあゆみ」、そして社会科へと歴史教育が変わっていく経過は、国家からの教育課程への関与を考えるうえでも興味深い。

＜ビデオの内容＞

　冒頭で、「初等科　国史」の教科書がまず朗読され、その後「くにのあゆみ」(第二次大戦後はじめて文部省から出された国民学校用の国定歴史教科書)が朗読される。

7～8分 「明治以来教科書が日本人をつくってきた」という説明と、歴史授業の停止や疎開児童等当時の映像。

9分頃　再現映像。民間情報教育局 CIE (Civil Information and Education Section)の様子。

　墨塗り授業の様子の再現。混乱している学校現場の様子。初等科国語の教科書が墨塗りされていく。当時のアメリカ教育使節団の様子。

20分　教職員適格審査(ホワイトパージ)の説明。長野県には当時の資料が残っており、それをもとにした再現映像。

24分　初等科「国史」と「くにのあゆみ」の朗読。「くにのあゆみ」編集作業の再現映像。現在の筆者4人によるふりかえり。

29分　長野県職員適格審査。再現映像。不適格第1号とされた佐藤宗一自身も登場。

35分　「くにのあゆみ」編集時の再現映像。文部省ではなく GHQ との共同作業。天皇の戦争責任の問題。

40分　適格審査再現映像。

47分　1946(昭和21)年7月「くにのあゆみ」により授業再開。「くにのあゆみ」への批判もある。9ヶ月で消滅し、「社会科」へ。10万以上が不適格教員と発表されるが、文部省発表では5000人程という説明。

53分　1950年頃からのレッドパージ　日の丸　君が代通達

　最後に、1977(昭和52)年　新学習指導要領で文部省が君が代を国歌と規定したことが説明される。

※学習指導要領「特別活動」においての記述が下記のようにされた。

第3　指導計画の作成と内容の取扱い

*　3　国民の祝日などにおいて儀式などを行う場合には，児童に対してこれらの祝日などの意義を理解させるとともに，国旗を掲揚し，国歌を齊唱(せいしょう)させることが望ましい。*

　これ以前は「国旗を掲揚し、「君が代」を齋(せい)唱させることが望ましい。」と記載されていた。

以下、⑨では、教科を超えた連携の場面があり、⑩では進学指導に重視しようとする校長の方針によって登場したアーウィンの登場によって従来は生徒の表現活動を重視した「演劇的」な授業を展開していたヘクターの授業が削られ、カリキュラムが改編されていく過程が描かれている。また、⑪では新任時代の「女王」先生が、子どもたちにわかりやすい授業を気にし過ぎた結果として保護者から「他のクラスに比べてカリキュラムが遅れている」と指摘される場面がある。

⑨　陽のあたる教室　1995年
　基本的には、音楽の素晴らしさや意義を生徒に伝えるために奮闘する音楽科教員が主人公の映画であるが、マーチングバンドを指導する際に、主人公の音楽科教員と同僚の体育科教員とが連携しながら指導する場面がある。

⑩　ヒストリーボーイズ　1983年
7分後　時間割で名門進学組の枠を優先のためヘクターの授業は「総合学習」扱いになる。
9分後　アーウィンが登場し特別カリキュラム編成。一方で演劇的授業を展開するヘクター
20分後　アーウィンの授業開始
35分後　ヘクターとの対比
64分後　共同授業

⑪　女王の教室(エピソード1～堕天使)　2006年放映(本編の後)
16分後　教頭からカリキュラムが遅れていると指摘され、クラスから「落ちこぼれ」を出したくないと返答
23分後　保護者から「カリキュラムが遅れている」と指摘

・・・第3章・・・
教育課程の変遷

　2020年以降の新学習指導要領をもとにして、教育課程について考察する前に、学習指導要領を中心にして、これまでの変遷をふりかえっておこう。

第1節　戦後学習指導要領の始まりとその変遷

1990(明治23)年　教育勅語(教育ニ関スル勅語)発布
　　　　「一旦緩急アレバ　義勇公ニ奉シ以テ天壌無窮ノ皇運ヲ扶翼スヘシ」
　　　　　尊皇・愛国・忠孝の道徳　国民道徳の絶対的権威
1938(昭和13)年　文部省が集団的勤労作業運動の実施を指示
1939(昭和14)年　「青少年学徒ニ賜ハリタル勅語」
1941(昭和16)年　「国民学校令」
1943(昭和18)年　「教育ニ関スル戦時非常措置方策」
　　　　　勤労動員は1学年の3分の1程度実施

　明治・大正期、昭和初期(第2次大戦終結まで)の教育は天皇制国家のもとで、国家体制維持のための皇国民練成の教育であった。

　文部科学省「学制百年史編集委員会　五　戦時下の教育」によれば、1941(昭和16)年の国民学校について「**初等科と高等科との編制になったが、これは制度の組み立てを改めただけではなく、皇国民の基礎的錬成をするという目標のもとに、教科の編成とその内容を改めた**」とされ、「**初等科では国民科、理数科、体練科、芸能科**」の4教科、高等科では初等科の教科に実業科が加えられ、「**国民科の中には修身、国語、地理、歴史が科目として立てられ、それらが皇国民の錬成という一途にまとめられる**」とされている。

教育課程としては、修身という科目が国民科という教科の中心となり天皇中心の国民体制編成が進められたのである。

同じく文部科学省「学制百年史編集委員会　六　戦後の教育改革」では、1945(昭和20)年秋から、極端な国家主義や軍国主義を排除する目的で指令が発せられ、その中で、教育内容についての戦後処置として注目されるのは12月に「**修身・地理・歴史の授業を停止し、戦時中使用されていた教科書をすべて回収すると指令したことである。**」とされている。

この処置は当時の教育課程に対して新しい課題を与えたのである。以下「学制百年史編集委員会　六　戦後の教育改革」から引用してみよう。

戦時教材処理の問題は国定教科書制度についての方針を再検討することとなり、新学制実施とともに、教科書は民間において編集し、文部省がこれを検定する制度に順次移行する方法がとられたのである。中等学校・師範学校の教科書は明治時代から検定制であったが、戦時中は国定制へ移行する政策がとられていた。教科書を国定制から検定制へ移行させることは、教育内容についての行政として大きな改革であった。教科書を検定したり、学習を指導したりするには教育内容の基準となるものが示されていなければならない。学校教育法においては、教育は学習指導要領によることと定められたのである。**そこで学習指導要領は新学制による学校教育の出発に当たって必須なものとなった。特に新しい科目として登場した社会科や家庭科や自由研究などは、指導の基準となるものがなくては、授業を始めることができなかった。**

上記のような状況で、1947(昭和22)年春に学習指導要領一般編(試案)が配布され、続いて各教科別の学習指導要領がつくられた。このことが学習指導要領の出発点である。このときの「**一般編(試案)　序論　一なぜこの書はつくられたか**」で「いまわが国の教育はこれまでとちがった方向にむかって進んでいる。この方向がどんな方向をとり，どんなふうのあらわれを見せて

いるかということは，もはやだれの胸にもそれと感ぜられていることと思う。このようなあらわれのうちで<u>いちばんたいせつだと思われることは，これまでとかく上の方からきめて与えられたことを，どこまでもそのとおりに実行するといった画一的な傾きのあったのが，こんどはむしろ下の方からみんなの力で，いろいろと，作りあげて行くようになって来たということである。</u>これまでの教育では，その内容を中央できめると，それをどんなところでも，どんな児童にも一様にあてはめて行こうとした。だからどうしてもいわゆる画一的になって，<u>教育の実際の場での創意や工夫</u>がなされる余地がなかった。このようなことは，教育の実際にいろいろな不合理をもたらし，教育の生気をそぐようなことになった。」と書かれていることはこの時期の教育の雰囲気をよく表している。「教育の実際の場での創意や工夫」を尊重するからこそ(試案)と表示されているのである。

　以下、部分的な改訂があったり、支援(養護)学校の改訂があったりもするが、この1947年のものを①として、一般的に大きな改訂とされている9回の改訂についてそのポイントをまとめておこう。

①1947(昭和22)年(試案)　小・中学校

修身，日本歴史及び日本地理を廃し，「社会科」を新設
男女共に学習する「家庭科」を設ける（小学校）。
中学校では「職業科」を新設。
戦後教育改革に基づく「教科課程」として、経験主義の理念のもとで「試案」の形で作成。　**視聴覚教材⑥⑦参照(第2章)**

②1951(昭和26)年(試案)　小・中・高校

教科を、

学習の技能を発達させるに必要な教科（国語・算数），
社会や自然についての問題解決の経験を発展させる教科（社会・理科），
創造的表現活動を発展させる教科（音楽・図画工作・家庭），
健康の保持増進を助ける教科（体育）　　　　の四つの経験領域に分ける。
　道徳教育は，学校教育のあらゆる機会に指導すべきであるとした。
各経験領域に充てる授業時数を，教科の総授業時数に対する比率で示した。
　「試案」の形ではあるが、新たに設置された教育課程審議会の答申に基づき、従来の「教科課程」の語を「教育課程」と改めて示された。
　「自由研究」の代わりに「教科以外の活動」が設けられたが、その理由は指導要領の「（2）自由研究の時間に代って，新たに教科以外の活動の時間を設けたことについて」によれば、「自由研究として強調された個人の興味と能力に応じた自由な学習は，各教科の学習指導法の進歩とともにかなりにまで各教科の学習の時間内にその目的を果すことができるようになった」ことがあり、「**教科の学習だけではじゅうぶん達せられない教育目標**を教科以外の教育的に有効な活動として、これらの活動を包括するほうが適当」とされたからである。**視聴覚教材⑧参照（第2章）**

③
1958(昭和33)年小・中学校　1960(昭和35)年高校
小学校施行1961年　中学校施行1962年　高校施行1963年

　学習指導要領は教育課程の基準として文部大臣が公示するものとされる。
「道徳の時間」を特設し，道徳教育の徹底を図る。
小・中学校では「道徳の時間」高等学校では「倫理社会」がそれぞれ新設。
科学技術教育の向上を図るために算数，理科の充実。
各教科の系統性を重視。目標及び内容の精選と基本的事項の学習に重点。
経験主義や単元学習への批判、各教科の系統性の重視、基礎学力の充実と科学技術教育の振興などへの対応として改訂された。（中学校では「職業・家

庭科」が廃止され、「技術・家庭科」に)

④
1968(昭和 43)年　　小学校施行 1971 年
1969(昭和 44)年　　中学校施行 1972 年
1970(昭和 45)年　　高校施行 1973 年

高等学校でクラブ活動が必修化。
小学校の教育課程を「各教科」「道徳」「特別活動」の三領域と定める。
授業時数を，最低時数から標準時数に改める。
国民生活の向上、文化の発展、社会情勢の進展等の変化に対応するため、算数・数学・理科を中心に、「教育課程の現代化」が図られた。
高等学校で女子の「家庭一般」が必修とされた。

⑤
1977(昭和 52)年　小・中学校　　1978(昭和 53)年高校
小学校施行 1980 年　中学校施行 1981 年　高校施行 1982 年

児童・生徒の学校生活に，ゆとりと充実をもたせる。
各教科の基本的事項を重視し指導内容を精選，創造的能力の育成を図る。
ゆとりと充実した学校生活を実現するために，各教科の標準時数を約 1 割削。
各教科等の目標・内容を中核的な事項に止め，学校や教師の創意工夫ができるようにした。高校進学率の向上(90％超)、「落ちこぼれ」問題等への対応から、知・徳・体の調和のとれた発達を図るため、「ゆとりと充実」のもとで「自ら考え正しく判断できる力」の育成を目指した。
「ゆとりの時間」（学校裁量の時間)が新設された。
　・中学校では「技術・家庭科」に情報・基礎領域が設けられた。
　・高等学校では、卒業単位数を 80 単位に引き下げ、「現代社会」「数学Ⅰ」

などが新設された。

⑥
1989(平成元)年　小・中・高校
小学校施行 1992 年　中学校施行 1993 年　高校施行 1994 年

新しい学力観に立つ教育と個性重視の教育
文化と伝統の尊重と，国際理解の推進を図る。
低学年について，新教科として「生活科」を新設。
　・中学校では選択教科の種類を拡大。
　・高等学校では「社会科」を「地理歴史科」と「公民科」に再編。
　　家庭科を男女必修とした。
　・国旗・国歌の指導の強化(祝日のみの「掲揚・斉唱が望ましい」から、
全ての入学式・卒業式で「掲揚・斉唱を指導するものとする」へ記載の変更)

⑦
1998(平成 10)年小・中学校　1999 年高校
小学校・中学校施行 2002 年　高等学校施行 2003 年

生きる力の育成とゆとりある教育をねらいとし、自ら学び自ら考える力の育成、「教育内容の厳選と基礎基本」の確実な定着、特色ある教育・学校づくりを目指して改訂。
学校完全週 5 日制も実施され、教育内容の約 3 割が削減。
　・小学校中学年～高等学校で「総合的な学習の時間」が新設。
　・中学校・高等学校で外国語が必修化されるとともに、クラブ活動が廃止。
　・高等学校で「情報」が新設。
　・高等学校の卒業単位数が削減された結果、「74 単位以上」に。

❽

2008(平成20)年小・中学校　2009年高校
小学校施行2011年　中学校施行2012年　高校施行2013年

　総授業時間数の増加
　小学校高学年で外国語活動必修化
　理数教育の増加
　総合的な学習の時間の削減
　「ゆとり教育」への反動ともいえる改訂

❾

2017(平成29)年小・中学校　2018年高校
小学校施行2020年　中学校施行2021年　高校施行2022年

　「社会に開かれた教育課程」
　カリキュラム・マネジメント
　総授業時間数の増加
　小学校高学年で外国語教科化
　高校に「公共」「現代の国語」「言語文化」新設

　表現活動の時間を確保するために、文学を扱う時間が縮小されるが、この新指導要領を踏まえた大学入試問題ではさらに文学の扱いが軽くなることも推測できる。このように考えると、高等学校における国語教育にとって今回の指導要領の改編がもたらす影響は極めて大きい。
　原爆や沖縄戦を扱うような戦争文学に触れる機会も減少していくことが予想される。

　上記の変遷において、家庭科教育におけるジェンダーの問題を少し詳しく

説明しよう。家庭科教育の歴史はジェンダーとは切り離すことができない経緯をたどってきたとする堀内かおるは中学校については、高度経済成長期にさしかかっていた1958(昭和33)年に、科学技術の振興を掲げて新しい教科として「**技術・家庭科**」が誕生し、「**生徒の現在および将来の生活が男女によって異なる点のあることを考慮**」すると明記して「**男子向き**」「**女子向き**」というように性別によって内容を区別した学習指導要領が制定された、としている。「男子向き」としては、国家の経済発展の担い手となる労働者としての男性の育成をめざした技術的内容が教えられ、「女子向き」としては、主婦教育として「**家庭役割を担う女性を想定した衣・食・住生活と保育等の家庭生活関連の内容が教えられた。**」(堀内かおる「ジェンダーと教育課程」山崎淳二『教育課程』学文社　2009年　p147)とまとめているが、具体的に指導要領の文言を確認してみよう。

　1947(昭和22)年小学校・中学校学習指導要領(試案)「**一般編(試案)　第3章　教科課程**」では、「(三)家庭科は，これまでの家事科と違って，男女ともにこれを課することをたてまえとする。」とはされているが、その続きに「ただ，料理や裁縫のような，内容が女子にだけ必要だと認められる場合には，男子にはこれに代えて，家庭工作を課することに考えられている。」とも書かれている。「女子にだけ必要だと認められる」と表現されているのは、この時代の一般的な認識だったのだと判断できる。

　同年の「**家庭科編（試案）はじめのことば**」においても、小学校段階については「家庭建設という生活経験は，教科課程のうちに必要欠くべからざるものとして取り扱うべきで，家庭生活の重要さを認識するために，第五，六学年において男女共に家庭科を学ぶべきである。」という記載があり、全生徒の必須科目であるという認識が示されている。

　「裁縫という科目で，今まで女子にのみ与えられていた科目に代わったこの新しい第五，六学年の家庭科を，今までの古い考え方で考えないように，その目的も内容も，考え方も，今までとは全く違ったものであり，すべて家庭生活を営むことの重要さを基礎にしていることを，よく注意すべきであ

る」と「**今までとは全く違ったもの**」ということが強調される一方で、中学校段階については「家庭科は職業料の一つとして選択科目の一つになる。大部分の女生徒はこの科を選ぶものと思われるが，中には男生徒もこれを選ぶかも知れない。」という見通しが示されており、年齢が上がると男女の履修差が大きくなっていることが判断できる。

1949（昭和24）年の「高等学校学習指導要領　家庭科」でも「家庭科の指導は，非常に大きな役目と責任を持つものといわなければならない。」ということが強調され、「この教科の最終目的は，家庭生活の理解と価値認識が養われ，その結果，人々がますますよい家庭人となり，社会人となることであろう。これは**男女にひとしく必要なことである**」とまで書かれているにも関わらず、続けて「**特に女子はその将来の生活の要求にもとづき，いっそう深い理解と能力を身につける必要があるので，家庭生活の一般に関する学習を，少なくとも十四単位必修させることが望ましい。**」とされているので、女子にのみ最低必要単位が設定されていることになる。また、14単位必修というのは現代の状況と対比すれば、かなり多い単位数であるという印象である。

1951（昭和26）年（試案）小・中・高校「一般編（試案）」Ⅱ教育課程では「１．小学校の教科と時間配当（１）教科内容について（C）家庭科について」の項目で、「小学校の段階においては，学習経験は男女に共通であることが望ましい。最初から男女を区別して指導しなければならないような高度の技能は中学校に譲るべきである。」と書かれており、中学校以降は男女別の授業実施であったことが読み取れる。

1960（昭和35）年施行高等学校学習指導要領では「第２節　全日制の課程および定時制の課程における教育課程　第１款　各教科・科目の履修の「２　普通科の生徒に履修させる教科・科目およびその単位数」の項目で「普通科においては，原則として，下記の教科・科目とそれぞれ下記に示す単位数以上の単位数を含めて教育課程を編成し，すべての生徒に履修させるものとする。」と各教科について説明がされるなかで、(5)保健体育については「ア　「体育」男子９単位　女子７単位」と明記される一方で(8)家庭につ

いては「女子について「家庭一般」4単位　ただし，特別の事情がある場合には，2単位まで減ずることができる。」とされているので、時間割のうえで女子が家庭科を学習しているコマで男子が体育をしているという実態が多かったことがわかる。

　1970(昭和45)年告示 1973(昭和48)年施行の高等学校学習指導要領では、「体育」について、普通科については「男子に履修させる単位数は，11単位を下らない」とされ、同時に「家庭一般」について「すべての女子に履修させるものとし，その単位数は，4単位を下らない」とされたために、多くの高等学校において男女別の時間割が継続した。

　1978(昭和53)年告示 1982(昭和57)年施行の高等学校学習指導要領でも状況は変わらなかった。

　また、**1977(昭和52)年度**中学校学習指導要領（昭和56年4月施行）では「技術・家庭科」について、第3指導計画の作成と内容の取扱「1　指導計画の作成に当たっては，次の事項に配慮するものとする。」として「学校においては，地域や学校の実態及び生徒の必要並びに男女相互の理解と協力を図ることを十分考慮」する結果として「AからIまでの17の領域の中から男女のいずれにも，7以上の領域を選択して履修させるものとすること。この場合，原則として，男子にはAからEまでの領域の中から5領域，FからIまでの領域の中から1領域，女子にはFからIまでの領域の中から5領域，AからEまでの領域の中から1領域を含めて履修させるように計画すること。」とされているので、結果的には「F被服　G食物　H住居　I保育」の領域が女子履修となるように設定されていた。

　同じ学習指導要領の「保健体育科」では、「3　内容の取扱い」において「D　格技」について「主として男子に履修させるもの」とされ、「ア　相撲　イ　柔道　ウ　剣道」のうち「一を選んで指導するものとする」とされる一方で、「E　ダンス」は「主として女子に履修」とされている。

　1989(平成元)年告示の指導要領以降は、文面のうえでは男女による区別はなくなっているが、体育の実技指導においては、現場の状況によって指導

する上での多少の差異が残存しているのかもしれない。

第2節　自主的活動と社会科・道徳教育課程の変遷

　戦後民主主義の表現としての生徒の自主的活動は当初戦後民主主義を扱う教科としての社会科と連携し、「実際の教育場面での民主主義の運用や意義」をその「学習目標」としていたが、道徳教育とも絡みながらその後変遷してきており、独自の軌跡がある。ここには戦後の教育課程の変化が象徴的にあらわれているので、あらためて本節で考察したい。まずは、道徳の時間が設置される前の段階で、社会科のなかでは生徒の自主活動がどのように位置づけられていたのかを考察する。

　1951（昭和26）年改訂版中学校・高等学校学習指導要領「社会科編」Ⅱ巻　一般社会科（中学1年－高等学校1年，中学校日本史を含む）（試案）から「一般社会」という科目の意義がどのように説明されているかという点から考察する。高等学校第1学年を想定した「一般社会科」の第1単元「われわれは民主的生活の促進に，どのように寄与することができるか」主題「われわれの社会生活の基本的諸問題」においては、その要旨は、「民主化という立場から学校教育をみるとき，次の二つの面が考えられるであろう。一つは学校における実際の教育場面において，その組織や運営あるいは生徒の学校生活がいかに民主的に行われているかということであり，今一つは広く社会生活の民主化の立場から，学校教育がどのような意味をもっているかということである。」と説明されており、当時の高校生にとって自分自身が生活をしている具体的な学校世界と社会全体とを、「民主化」という点で切り結ぼうという学習目標を読み取ることができる。続けて、この教育目標について下記のように説明されている。

　*第1の点については中学校においてある程度の知識と体験を得てきているが，新しい高等学校においてはさらに**教育課程や生徒の自主的活動などで，***

どのような配慮がなされているかを理解し，積極的に自己の個性を生かして有効な学校生活を送るとともに，進んでその改善にも協力していく自主的態度が特に望ましい。

　第2の点については，民主主義がその真価を発揮するためには，すべての人人がじゅうぶんにその個性を生かしつつ，民主主義そのものの原理を理解し，尊敬し，実践していくことが必要であり，そのためには国民のひとりひとりがよく教育されていなければならない。教育民主化あるいは教育の機会均等などはそれゆえに民主主義を養うものであり，社会教育のじゅうぶんに発達していない現在の日本においては，学校教育の重要性はいっそう大きいといえる。（後略）

　「教育課程や生徒の自主的活動などで、そのような配慮がなされているかを理解し、積極的に自己の個性を生かして有効な学生生活を送る」「民主主義そのものの原理を理解し，尊敬し，実践」という箇所に特に注目したい。自分自身が所属している学校の具体的な教育課程や「自主的活動」を理解し、同時に「実践」することが求められている。そのことは、下記の「目標」の2に特によく表現されている。

　　目標
　1．教育民主化の意味と新しい学校制度における高等学校の意義についての理解。
　2．学校の組織や教育課程などは自分達の個性の発達と，民主的社会人としての成長に役だつことを目的としてつくられるものであることの理解。
　3．学校生活の改善に進んで協力する態度。
　4．家庭・学校・地域社会などの民主的生活を通して民主主義のあり方を学ぼうとする態度。
　5．民主的社会生活の基礎は各人の人格の尊重と自己の責任の自覚にあることの理解およびこれを実行する意欲。

さらに、「内容」に注目したい。5項目あるが、特に5である。

1．高等学校はどのような制度や組織によって営まれているか。
2．高等学校の学校生活を有効に営んでいくためには，どんな問題があるくりかえし「特別教育活動」「生徒会」が話題にされている。
3．学校は社会生活の民主化とどのような関連をもっているか。
4．民主主義の原則は社会生活の上にどのように実現されているか，また問題はどのようなところにあるか。
<u>*5．われわれは個人として，自己および他人や社会に対して，どのような態度をもたなければならないか。*</u>

1〜4については細部を省略したが、「態度」をテーマとしている5については、「自己および他人や社会に対して，どのような態度をもたなければならないか」というテーマのもとでさらに細かく設定されている4つの課題を紹介しておこう。

（1）　われわれはなぜ個人の価値を重んじなければならないか。
（2）　人間を個人として<u>尊重</u>する考え方は，<u>歴史的</u>にどのように発展し，また実現されてきたか。
（3）　われわれは自分の属している共同社会に対してどんな<u>責任</u>をもっているか。
（4）　<u>道徳</u>や法律はわれわれの行為の基準として，どのような意味をもっており，またなぜ守らなければならないか。

このように、民主主義を理解し、民主主義を主体的に構築することを高校生に促す文脈のなかで「道徳」という用語が使用されているのである。他者から与えられる道徳ではなく、これからつくりあげていく規範意識としての

教育目標として設定されているのだと理解できる。実際に「**学習活動の例**」では下記のような事例が紹介されている。

　1．高等学校の教育課程における科目の表や，その選択制度を説明した印刷物があったらそれを手に入れて，中学校のものと比較してみること。
　2．われわれの学校はどのような校内組織で運営されているか，また校内における生徒の自主的活動にはどんなものがあるか，調査して皆に報告すること。
　3．現在の日本の教育制度を定めている法令にはどんなものがあるか，
　4．明治以後のわが国の学校制度はどのように変化してきたか，できれば一表にまとめてみること。
　5．戦前と戦後の学校制度を比較して特に違っているのはどのような点か，また，このような事が行われるに至った事情について先生から説明を聞くこと(教育使節団第1次および第2次報告書)。
　　　　　　　　　　　(中略)
　42．われわれの日常生活や新聞などの記事から，法律的に許された行為でも，道徳的に許されないような場合の具体的な例をあげて，法と道徳の関係について考えてみること。
　43．「日本人は公衆道徳を守らない」とよくいわれるが，日常生活を反省してみてどんなことがあるか気がついた点を列挙してみること。またなぜ守られないかを検討して改善のための労法を考えてみること。
　44．戦後は青年の道徳感が低下したという人があるが，それははたして正しいかどうか，あたっている場合としてはどのような例があるか，あたっていないどんな例があるかについて討議する。そして「道徳と社会」について先生とみんなで話し合ってみる。

　2の項目では、あらためて「校内組織」や「生徒の自主的活動」が話題にされている。さらに、5の項目では戦前と戦後の学校制度を比較して、その

「違い」をテーマとして、具体的に教育使節団の報告書も（　）内に例示されているのである。アメリカ教育使節団については、部分的に第1章でも紹介しているが、戦時・戦前の日本の学校教育を批判し、新たな民主主義社会を構築するということがその趣旨であるので、ここでの道徳というものが、戦時・戦中の「修身」とは全く異なる新しいイメージでの規範意識を書き手の側は意識していたのだろうと推察できる。

　43では「日本人は公衆道徳を守らない」44では「青年の道徳感が低下した」という当時の風評が指摘されており、「道徳と社会」というテーマでの討議が、さらに42「法律的に許された行為でも、道徳的に許されないような場合の具体的な例」をテーマにした討議や話し合いも促されている。青年たち自身に考えさせようという強い姿勢を読み取ることができるのである。

　同1951年（昭和26）中学校・高等学校学習指導要領「社会科編」改訂版のⅠ巻にあたる「中等社会科とその指導法」の記載を確認しても、同じ趣旨を読み取ることができる。こちらの「第Ⅱ章　社会科の教育課程」では、「社会科と道徳教育」というテーマで、下記のように書かれている。

　生徒の道徳的生活の向上に向かって努力することは，今日のわが国の学校教育に課せられた重大な問題である。<u>戦前のわが国の教育課程には修身科があっていろいろな徳目をかかげ，しかもその中には，国家主義的色彩が濃厚なものが多く，これらについておもに訓話が行われていた。</u>修身科の目的や内容が不適当であったことはもちろんであるが，このように道徳を正面から取り上げて訓話的に教え込むやり方が，教育的効果の薄いものであることはすでに多くの人々によって認められている。それに<u>道徳教育は，ある特定の教科や科目だけが受け持つべきものではない。それは学校教育全体が責任を負わなければならないものであり，</u>各教師は学校教育のあらゆる機会をとらえて，生徒の道徳的理解・判断力・態度・習慣の養成に努めなけれはならない。

そこで戦後のわが国の教育課程からは修身は除かれ，したがって社会科にも過去の修身科が含まれていないことに注意しなければならない。

　戦前の「修身科」が２つの点から批判されている。国家主義的色彩が濃厚なものが多かったという内容の点と，訓話的に教え込むという教育方法という点である。そのうえで，道徳教育が，ある特定の教科や科目だけが受け持つべきものではない，ともされている。各教師が学校教育のあらゆる機会をとらえて，生徒の道徳的理解の養成に努めるので，教育課程から修身が除かれているのだ，と説明したうえで，「社会科が、生徒の道徳的理解や判断力の養成に大きな貢献をしなければならないことは明らか」であるとも記載されている。ここからは戦後新しくつくられた教科としての「社会科」への強い自負と同時に，修身とは全く異なる社会規範としての道徳教育が当時目指されていたことを読み取ることができる。

　この内容段落のまとめにあたる部分では，当時の社会背景として，「生徒の道徳的生活の向上を目ざして指導するに際しても，成人の社会の道徳の現実は，常に教師を悩ますところに違いない。」という問題意識が存在することが明記されていることにも注目したい。時には「学校教育の無力さを痛感」させるほどの，酷い「成人社会の道徳の現実」が存在しているのだということが、明確に記載されている。そのような実態があるからこそ、高校生を含めた若者に対して「新しい道徳を構築していこう」という強いメッセージを発したことがこれらの指導要領の文面からは読み取ることができる。

　1951(昭和26)年の小・中・高校学習指導要領(試案)一般編(試案)の方でも、道徳教育が教育のある部分ではなく「教育全体」で実施されるべき、ということが記載されている。「Ⅱ教育課程」の「1．小学校の教科と時間配当」では「(d)　道徳教育について」として「道徳教育は，その性質上，教育のある部分でなく，教育の全面において計画的に実施される必要がある。教育の全体計画において，児童・生徒の道徳的発達を期しようとするならば、社

会科を初め各教科の学習や特別教育活動が，道徳教育のためにどのような役割をもつべきであるかということが，明らかにされていなければならないであろう。」と書かれている。

「教育の全面において計画的に実施される必要」が前提でありながら、全体計画形成の場合に、「社会科をはじめ各教科の学習や特別教育活動」の役割を明らかにする必要があるとされている。この段階では、道徳を構築していく教育としての社会科や特別教育活動への強い期待があり、社会科の指導要領の記載の方でも、その責任を充分認識していたのだということがうかがえる。

1955(昭和30)年度の「**小学校　学習指導要領　社会科編**」でも、「**教科としての社会科の特性**」の項目で、下記のように書かれている。

道徳的判断力を効果的に養うには，ただ例話などを活用するだけでなく，学習全体を児童が自発的，積極的な関心を持って進め得るようにする必要がある。すなわち，かれらが生活の中で出会う<u>*個々の具体的な問題に即し，望ましい道徳的判断や行為のしかたを考えることのできるような学習の過程を重視しなければならない。*</u>

以上のように，道徳教育という一つの観点から考えても，知識と行動（知的なものと実践的なもの），さらに心情などが，ばらばらになるようなことなく，これらが真に児童の統一ある人格として形成されていくには，<u>あまり狭い分野に固定した教科目の中で児童にとって受動的な学習が行われるよりは，かれらみずからが広く社会に対する知見を深めつつ，自己の生活態度についての反省や望ましい心情，習慣の形成ができていくような学習のほうが有効である。そして，このような要請が，社会科という教科を生む一つの契機になったものと考えてよかろう。</u>

「**みずからが広く社会に対する知見を深めつつ，自己の生活態度についての反省や望ましい心情，習慣の形成ができていくような学習**」が、生徒会のような自主的活動だったのではないかと推測はされるが、学習全体を児童が自発的，積極的な関心を持って進め得るようにする必要があるために、「**生活の中で出会う個々の具体的な問題**に即し，望ましい道徳的判断や行為のしかたを考えることのできるような学習の過程」を重視する必要性から社会科の特性を確認するという文脈になっている。

このような文面からわずか3年後に道徳の時間が設置されることになり、学習指導要領の文言としては、「個々の具体的な問題」という要素はこの後徐々に薄まっていく。ただ、自主的活動との深い関係はある程度維持された。

1958年に道徳の時間が設置されたとき、小中学校の学習指導要領の構成では、第3章として「道徳、特別教育活動および学校行事等」とされており、道徳が独立した章にはなっていなかった。また、「第2　内容」では、「**道徳教育の内容は，教師も生徒もいっしょになって理想的な人間のあり方を追求**」という表現がある。教師からの注入による教育を避けたいという思いを読み取ることができると同時に、主体としての生徒という要素は以前に対比すれば弱められている。

さらに、「2　道徳的な判断力と心情を高め，それを対人関係の中に生かして，豊かな個性と創造的な生活態度を確立していこう。」のなかの(5)において「人は、**とかくあやまちを犯したり，失敗をしがちなものである**」「**言いわけをしようとしたり，責任を他に転嫁したりしがち**」という記述が、(10)において「**長い人生には，すべてに激しく絶望して，何もかも信じられなくなるときもあろう。**」という記述があり、あるべき姿だけではなく、現実の人間の実態の姿が文書の中に織り込まれている。

また、「3　民主的な社会および国家の成員として，必要な道徳性を発達させ，よりよい社会の建設に協力しよう。」では、(1)において「家族は，本来深い愛情でつながっているものであるが，**親しさのあまり感情を露骨に表わして，ともすれば他人どうしの場合よりもかえって気まずい空気をかもし**

出しがちである。」という記述が、(4)においては、「**われわれは誘惑を受ければ，悪に陥りやすい弱さをもち，また，集団の中においては，友情や義理の名のもとに悪に引きずり込まれたり，悪を見のがしたりするものであるが一**」という記述があり、「成人の社会の道徳の現実は，常に教師を悩ますところに違いない」という表現に比すれば弱められてはいるが、やはり人間の実態の姿が反映はされている。

最も注目されるのは、「(3) 狭い仲間意識にとらわれないで，より大きな集団の成員であるという自覚をもって行動しよう。」において、「**われわれは自分の集団の目標や立場だけにとらわれがちであるが，そうすると，他の集団との間に利害の対立や，考え方の相違に基く争いが起りやすい。このような集団的利己主義を反省して，他の集団に対する理解を深め，お互により大きな集団の成員でもあるという自覚をもって連帯共同の実をあげるように努めよう。**」という記述が、(5)においては「**人はとかく自己のいだく思想や所属する集団の立場からのみ，何が正義であるかを判断しがちであり，そのような考え方から専制や暴力や過激な感情も正当化されやすい。**」という記述が、(6)においては、「**愛国心は往々にして民族的偏見や排他的感情につらなりやすいものであることを考えて，これを戒めよう。**」という記述があり、「**集団的利己主義**」に対する問題意識や批判精神が何箇所かで明示されているのである。このような記述は、学習指導要領本文には1958(昭和33)年のもの以降には登場しない。

学習指導要領本文の記載としては、このような人間の実態や現実の姿についての記述は姿を消し、「あるべき姿」のみが描かれていくことになる。

資料　1958(昭和33)年　中学校学習指導要領
第3章　道徳，特別教育活動および学校行事等　　第1節　道徳
第2　内容

道徳教育の内容は，教師も生徒もいっしょになって理想的な人間のあり方を追求しながら，われわれはいかに生きるべきかを，ともに考え，ともに語り合い，その実行

に努めるための共通の課題である。

　道徳性を高めるに必要なことがらは，本来分けて考えられないものであって，道徳的な判断力を高めること，道徳的な心情を豊かにすること，創造的，実践的な態度と能力を養うことは，いかなる場合にも共通に必要なことであるが，上の目標を達成するためのおもな内容をまとめて示すと，次のとおりである。

　1　日常生活の基本的な行動様式をよく理解し，これを習慣づけるとともに，時と所に応じて適切な言語，動作ができるようにしよう。

（中略）

　2　道徳的な判断力と心情を高め，それを対人関係の中に生かして，豊かな個性と創造的な生活態度を確立していこう。

（1）〜（4）略
（5）　あやまちは率直に認め，失敗にはくじけないようにしよう。また，他人の失敗や不幸には，つとめて暖かい励ましをおくろう。

　人は，とかくあやまちを犯したり，失敗をしがちなものである。しかも，自分のあやまちを率直に認めることはむずかしいことであって，言いわけをしようとしたり，責任を他に転嫁したりしがちである。しかし，自分のあやまちや失敗を深く認め，卑屈になったり他人の成功をねたまないで，それらの原因を冷静に究明し，再起に役だたせよう。また，他人のあやまちに対しては寛容で，その失敗に対しては，暖かい励ましをおくることに努めよう。

（6）〜（9）　略
（10）　どんな場合にも人間愛を失わないで，強く生きよう。

　長い人生には，すべてに激しく絶望して，何もかも信じられなくなるときもあろう。その場合，宗教は多くの人に永遠なものへの信仰を与え，魂の救いとなってきた。これらの宗教を信ずる者も信じない者も，人間愛の精神だけは最後まで失わないで，正しく生き，民主的社会の平和な発展に望みをかけていこう。

3　民主的な社会および国家の成員として，必要な道徳性を発達させ，よりよい社会の建設に協力しよう。

（1）　家族員相互の愛情と思いやりと**尊敬**とによって，健全な家族を築いていこう。
　<u>家族は，本来深い愛情でつながっているものであるが，親しさのあまり感情を**露骨**に表わして，ともすれば他人どうしの場合よりもかえって気まずい空気をかもし出しがちである。</u>
　<u>このようなことを反省して，お互の立場を理解することに努め，許しあい，いたわりあって，暖かく健全な家庭を築いていこう。</u>
（2）　略
（3）　狭い仲間意識にとらわれないで，より大きな集団の成員であるという自覚をもって行動しよう。
　<u>社会には，それぞれ目標や立場の違う多くの集団がある。われわれは自分の集団の目標や立場だけにとらわれがちであるが，そうすると，他の集団との間に利害の対立や，考え方の相違に基く争いが起りやすい。このような集団的利己主義を反省して，他の集団に対する理解を深め，お互により大きな集団の成員でもあるという自覚をもって連帯共同の実をあげるように努めよう。</u>
（4）　悪を悪としてはっきりとらえ，決然と退ける強い意志や態度を築いていこう。
　社会生活の中で，人は多くの悪に直面しないわけにはいかない。<u>われわれは誘惑を受ければ，悪に陥りやすい弱さをもち，また，集団の中においては，友情や義理の名のもとに悪に引きずり込まれたり，悪を見のがしたりするものであるが，悪を悪としてはっきりとらえ，勇気をもってこれに臨む強い意志や態度を築くことに努めるとともに，みんなで力を合わせて悪を退けるくふうを続けていこう</u>
（5）　正義を愛し，理想の社会の実現に向かって，理性的，平和的な態度で努力していこう。
　正義が支配する理想の社会をつくることは，これまでも人間が絶えず願ってきたことである。しかし，<u>人はとかく自己のいだく思想や所属する集団の立場からのみ，何が正義であるかを判断しがちであり，そのような考え方から専制や暴力や過激な感情</u>

も正当化されやすい。　われわれは，制度や法の意義を理解し，公私の別を明らかにして，公共の福祉を重んじ，権利を正しく主張するとともに義務も確実に果して，少数者の意見をも尊重し，平和的，合法的方法で，よりよい社会をつくっていくことに力を合わせよう。
（6）　国民としての自覚を高めるとともに，国際理解，人類愛の精神をつちかっていこう。

　われわれが，国民として国土や同胞に親しみを感じ，文化的伝統を敬愛するのは自然の情である。この心情を正しく育成し，よりよい国家の建設に努めよう。

　しかし，愛国心は往々にして民族的偏見や排他的感情につらなりやすいものであることを考えて，これを戒めよう。（後略）

　道徳教育の指導計画や指導上の留意事項についても変化が見られる。1958（昭和33）年中学校学習指導要領の「第3　指導計画作成および指導上の留意事項」では「**8　指導にあたっては，生徒の経験や関心を考慮し，なるべくその具体的な生活に即しながら，**討議（作文などの利用を含む），問答，説話，読み物の利用，視聴覚教材の利用，劇化，実践活動など種々な方法を適切に用い，**一方的な教授や，単なる徳目の解説に終ることのないように特に注意**しなければならない。」と記載があるが、1969（昭和44）年の中学校学習指導要領では「第3　指導計画の作成と内容の取り扱い」において「(3)主題を設定するに当たっては，生徒の経験や関心を考慮し、その具体的な生活との関連で、読み物資料、視聴覚教材などを適宜用いること。」と記述され、生徒自身の具体的な生活をもとにして道徳教育をしようという姿勢が弱められている。1977（昭和52）年以降は、「指導計画は、地域や生徒の実態に応じて具体的に作成するものであるが、固定的なものと考えず、必要に応じて弾力性をもたせるようにする」とほぼ同趣旨のものになる。指導計画を具体的にすることが重要なのであり、生徒自身の具体的な経験がテーマとされているわけではない。

　学習指導要領(試案)の頃は、生徒の自主的活動と社会科との関係は民主主

義ということを実践的に学習する上で「実践と理論」の両輪のような密接な関係だったといえる。このような関係はその後の学習指導要領の記載では、薄まって行き、一方で道徳教育が自主的活動と関連づけられていく。

1960(昭和35)年高等学校学習指導要領「倫理・社会」「3　指導計画作成および指導上の留意事項」では「中学校「社会」および「道徳」の指導の成果を活用するとともに、高等学校「社会」の他の科目との関連にじゅうぶん留意する。」「中学校「道徳」の内容に関連する事項を取り扱う場合にも、理論的考察に重点をおき、さらに高等学校ホームルームにおける指導とも関連させて、自己形成の必要なことを認識させ、倫理的関心を高める。」と記述があり、道徳教育と関連づけた「倫理・社会」が明示されている。

同年の高等学校「第3章　特別教育活動および学校行事等　第1節　特別教育活動」では「（2）　指導計画の作成および実施にあたっては、生徒会活動やクラブ活動との関連および各教科・科目や学校行事等との関連に留意することが必要である。なお、「人間としての望ましい生き方に関する問題」などの取り扱いにあたっては、特に「社会」の「倫理・社会」との関連を図ることが必要である。」とされており、特別教育活動の方でも「倫理・社会」と関連づけることが明示されている。

1970(昭和45)年10月の「倫理・社会」では「3　内容の取り扱い」で「ア　中学校の社会の公民的分野と道徳および高等学校の社会に属する他の科目やホームルームにおける指導との関連」を「第3章　各教科以外の教育活動」では「ウ　内容の（2）、（3）などの取り扱いに当たっては、特に社会の「倫理・社会」との関連」をそれぞれ図ることが書かれている。

1978(昭和53)年告示高等学校「特別活動」では「3　内容の取扱い～」の項目で「ホームルームにおいては、生徒相互の人間関係を密にするとともに、生徒の自発的な活動を助長することにより、ホームルーム内の諸問題の解決を図り、健全な生活態度の形成に資すること」と、特に「現代社会」との関連を図り「道徳性の育成に資する」ことも明示され、自発的活動の助長と道徳性の育成とが関連づけられてはいる。

「現代社会」の方では「内容の取扱いに当たっては，社会的事象はすべて相互に関連し合っているとともに，社会や人間の在り方と結び付くものであることに留意」とされ、「倫理」の方では「中学校社会科及び道徳並びに公民科に属する他の科目、地理歴史科及び特別活動などとの関連を図る」とされる。中学校道徳との関連は「倫理」の方で明示され、「現代社会」の方では「人間の在り方」という表現が道徳教育の要素をあらわしているといえる。

　1988（平成元）年以降は「人間としての在り方生き方の指導」という表現と、特に公民科との関連を図るという表現がほぼ踏襲されていく。

　生徒会活動に関わる記載のその後の変遷をまとめておこう。

　生徒の自主活動をその教科学習の中にも組み込んでいた例として本節の冒頭で紹介した「社会一般」は、1956（昭和31）年改訂によって廃止され、、さらに1960（昭和35）年学習指導要領では、この「社会科社会」も廃止され、「倫理・社会」が新設される。自主活動を教科の外部へ位置づけようという動きと道徳教育の強化とが同時に進行しているといえるが、それでもこの段階では生徒集会への配慮は残っていた。

　1960（昭和35）年指導要領では、「第3章　特別教育活動および学校行事等」という記載で、特別教育活動と学校行事とは節も別にされていた。そのうえで、特別教育活動は、ホームルーム活動と生徒会活動とクラブ活動の3種であり、生徒会活動には「(6)　**全校の生徒**が生徒会の活動に対する関心をもち、その運営が民主的に行なわれるように配慮することがたいせつである。(7)　必要により**全校または学年の集会活動**を計画し、実施するものとするが、この場合には、特に学校行事等との関連をじゅうぶん図るように指導する必要がある。」という記載があり、全校生徒が関心を持つなかで生徒会活動や生徒集会が民主的に実施されることが促される文意となっている。

　1970（昭和45）年指導要領では、ホームルーム、生徒会活動、クラブ活動と学校行事とが「教科外活動」としてひとつに括られる。「配慮事項」としては、これら教科外活動全体に対して「生徒の自主的、実践的な活動を助長しうるように作成すること。この際、それぞれの内容の特質に応じて、で

きるだけ生徒がみずから活動の計画を立てるように援助」という表現がされ、生徒会活動は「イ　全校または学年の集会活動を計画し、実施する場合には、特に学校行事との関連をじゅうぶんに図ること」と記載されている。「2　内容の取り扱い」において「生徒総会」という記載は残っているが（たとえば、年間の活動計画の決定、各種の役員の承認、生徒会規約の改正などを行なう）という例示がされることにより、活動がやや限定的な印象になっている。

　1960（昭和35）年指導要領の段階で、「1目標」の(2)「学校生活における集団の活動に積極的に参加し、民主的に行動する態度を養う」で「集団の活動」と記載されたのを最後に、生徒会活動としての「集団」は、「目標」や「内容」の項目には登場していない（ホームルーム、生徒会活動、クラブ活動3種をまとめた目標としては「望ましい集団活動を通して」という表現が目標の冒頭に記載されている）が、「内容の取り扱い」の項目でも1978（昭和53）年以降は登場しない。

　さらに、1989（平成元）年学習指導要領では、ホームルーム活動についても「**教師の適切な指導の下**に，生徒の自発的，自治的な活動が助長されるようにすること。生徒会活動についても，「**教師の適切な指導の下**に，生徒の自発的，自治的な活動が展開されるようにすること」とされ、「教師の指導の下」ということが強調されている。

　「学校教育の無力さを痛感」させるほどの、酷い「成人社会の道徳の現実」を前にして、「民主主義そのものの原理を理解し，尊敬し，実践」するひとつの例としての当初位置づけられていた自主的活動は、教育課程のなかではその位置づけを変容させており、特に生徒総会（集会）については、その記載が現在は消失している。

　教育課程の中に位置づけられる「自主的活動」の以上のような変遷も参考にして、今現在の学校教育や学習指導要領を理解して欲しい。

第4章

2020年以降の教育課程

　2016(平成28)年中央教育審議会答申**「学習指導要領等の改善及び必要な方策等（答申）」**を主な素材として2020年以降に実施される新学習指導要領(2017年告示)について考察する。

第1節　カリキュラム・マネジメント

　今回の小学校中学校の新学習指導要領において、教科としての内容・分量ともに最大の変化は外国語教育であるといえる。

　新学習指導要領の小学校**「第2章　第10節　外国語」**では、「2　内　容〔第5学年及び第6学年〕」〔知識及び技能〕の項目に「第3学年及び第4学年において第4章外国語活動を履修する際に取り扱った 語を含む600〜700語程度の語（イ）連語のうち、get up, look at などの活用頻度の高い基本的なもの（ウ）慣用表現のうち、excuse me, I see, I'm sorry, thank you, you're welcome などの活用頻度の高い基本的なもの」となっている。

　単語数のみを見れば、従来の指導要領では中学校3年間において「2　内容（3）　言語材料　ウ　語，連語及び慣用表現」の項目で「（ア）　1,200語程度の語」とされていたことに対比して、この半数以上の英単語を扱うことになる。慣用表現についても、従来中学校で扱っていたものの多くがそのまま小学校にスライドされている印象を受ける。

　また、従来の指導要領では中学校の外国語教育において「2　内容（3）　言語材料　ウ　語，連語及び慣用表現」の項目で「（ア）　**1,200語程度の語**（イ）　in front of, a lot of, get up, look for などの連語（ウ）　excuse me, I see, I'm sorry, thank you, you're welcome, for example などの慣用表現」とされていたことと対比すると、新学習指導要領では「小学校の 600～700 語程度の語」を踏まえて「小学校で学習した語に 1600～1800 語程度の新語を加えた語」とされているので、中学校の外国語教育も相当の負担となる。「エ　文，文構造及び文法事項」の項目でも、従来の中学校では扱っていなかったような事項が新規で取り込まれており、単語数で 2300～2500 語学習することを含め、小学校時代からの積み重ねによって、中学校での外国語の学力格差が拡大することはほぼ間違いないのではないだろうか。

　「学習指導要領等の改善及び必要な方策等　第２部　第１章　２小学校(**短時間学習等の活用など、弾力的な授業時間の設定や時間割編成に関する考え方**)の項目では「短時間学習については、授業時数内外で様々な教科も含めた取組が行われており、全ての小学校において、高学年の外国語教育に特化した短時間学習を一律に行うこととすることは困難な状況」であるため、「**年間７０単位時間における一定の短時間学習の在り方を横並びで求めるのでなく、ある場合には４５分授業を６０分授業の扱い**にして、**その中の１５分を短時間学習として位置付けることや、また別の場合には外国語教育の短時間学習を２週間に３回程度実施すること、さらに別の場合には夏季、冬季の長期休業期間において対話的な活動を行うなど、地域や各学校の実情に応じた幅のある弾力的な授業時間の設定や時間割編成が必要**」とされ、(**次期改訂に向けた授業時数の考え方と時間割編成**)の項目では「高学年において年間３５単位時間増となる時数を確保するためには、外国語に多く触れることが期待される外国語学習の特質を踏まえ、まとまりのある授業時間との関連性を確保した上で、効果的な繰り返し学習等を行う短時間学習を実施することが考えられる」としたうえで、そのほかにも、「**４５分に１５分を加えた６０分授業の設定、夏季、冬季の長期休業期間における学習活動、土曜日の活用や週当たりコマ数の増なども考えられるところであり、場合によってこれらを組み合わせながら、地域や各学校の実情に応じた弾力的な時間割編成を可能としていくことが求められる。**」とされている。

背景や事情説明は多少異なるが、「45分授業に15分加えること」や「夏季・冬季の長期休業中の学習」についてくり返し強調されている。従来の学校における慣行から考えると、少々無理のある学習形態であるとはいえる。また、「弾力的な時間割編成」という表現を根拠としてある程度の自由さが認められることによって、教育現場での学力競争がいっそう煽られていくという懸念も否定できない。

　同じく「第2部　第1章　2小学校（4）各小学校における弾力的な時間割編成」では（時間割編成とカリキュラム・マネジメント）において**「各教科等を学ぶ意義を大切にしつつ、教科等間の　相互の関連を図りながら、教育課程全体としての教育効果を高めていくことが必要となる。そのための鍵となるのが、カリキュラム・マネジメントである。」**とされている。このような英語教育の負担増加の見通しを踏まえて、小学校におけるカリキュラム・マネジメントについては時間割編成・授業時間確保の課題が中心であるといえる。

　それに対し、中学校の場合は主に生徒指導の文脈でカリキュラム・マネジメントという用語が使用されている。

　「学習指導要領等の改善及び必要な方策等　第2部　第1章　3中学校(3)教育課程を軸とした中学校教育の改善・充実　「①多様化する課題に対応するための**カリキュラム・マネジメント**の実現」では「生徒指導に関する問題行動などが表出しやすいのが、思春期を迎えるこの時期の特徴である。」と中学生時代に対する認識が表明された後で、「発達の段階に応じて多様化する課題に対して、各中学校ではこれまでも　生徒指導主事、進路指導主事等の校務分掌を担当する教員を中心に、生徒一人一人の発達をきめ細かに支える熱心な取組が展開されてきたところである。今後は、**カリキュラム・マネジメント**を軸としながら、各学校が直面する課題にどのように対応し、子供たちにどのような資質・能力を育むことを目指すのかを、学校教育目標や育成を目指す資質・能力として明確にし、全ての教職員や地域が課題や目標を共有して対応していくことが重要になる。」とされている。

このカリキュラム・マネジメントについて、今回の新学習指導要領のキーワードである「社会に開かれた教育課程」と関連づけながら考察してみよう。
　"よりよい学校教育を通じてよりよい社会を創る"という目標を学校と社会が共有し、連携・協働しながら、新しい時代に求められる資質・能力を子供たちに育むことが**「社会に開かれた教育課程」**である。「学習指導要領等の改善及び必要な方策等　第１部　第４章１「社会に開かれた教育課程」の実現──から引用する。

　今は正に、**社会からの学校教育への期待と学校教育が長年目指してきたものが一致**し、これからの時代を生きていくために必要な力とは何かを学校と社会とが共有し、共に育んでいくことができる好機にある。これからの教育課程には、社会の変化に目を向け、教育が普遍的に目指す根幹を堅持しつつ、社会の変化を柔軟に受け止めていく**「社会に開かれた教育課程」**としての役割が期待されている。
　このような**「社会に開かれた教育課程」**としては、次の点が重要になる。
① 社会や世界の状況を幅広く視野に入れ、よりよい学校教育を通じてよりよい社会を創るという目標を持ち、**教育課程を介してその目標を社会と共有していくこと**。
② **これからの社会を創り出していく子供たちが、社会や世界に向き合い関わり合い、自らの人生を切り拓いていくために求められる資質・能力とは何かを、教育課程において明確化し育んでいくこと**。
③ 　教育課程の実施に当たって、**地域の人的・物的資源を活用したり、放課後や土曜日等を活用した社会教育との連携を図ったりし**、学校教育を学校内に閉じずに、その目指すところを社会と共有・連携しながら実現させること。

　「社会からの学校教育への期待」とは、その時代の置かれている状況によって変容するものであると考えられる。
　同じく「第１部　第１章　これまでの学習指導要領等改訂の経緯と子供たちの現状」には、「これまで**学習指導要領等は、時代の変化や子供たちの状況、社会の要請等を踏まえ、おおよそ１０年ごとに、数次にわたり改訂され**

てきた。例えば、我が国が工業化という共通の社会的目標に向けて、教育を含めた様々な社会システムを構想し構築していくことが求められる中で行われた昭和33年の改訂、また、高度経済成長が終焉を迎える中で個性重視のもと「新しい学力観」を打ち出した平成元年の改訂など、<u>時代や社会の変化とともに、学習指導要領等の改訂も重ねられてきた。</u>」という記述がある。学習指導要領の改訂については、本書でもその変遷について説明をしてきたが、例えば、戦争中の学校教育においても「社会からの期待」を受けて、子どもたちは「勤労動員」されたという経過があるのである。

　その一方で、<u>「学校教育が長年目指してきたもの」</u>の内容は具体的には明らかにされてはいないが、それは、ある程度普遍的な要素を持つべきものではないかと考えられる。ときには、社会の動きに対して問題提起をすることができるような力を含めて、どのような時代・社会であっても応用ができるような要素が「学校教育が長年目指してきたもの」には必要ではないか。少なくとも、<u>「社会からの学校教育への期待」と「学校教育が長年目指してきたもの」</u>とは容易に一致するものではないと判断できる。

　氏岡真弓は岩波書店『世界』2017年3月号で教育学者広田照幸との対談のなかで「学校が社会を意識するあまり、社会に合わせる教育課程とならないか心配しています。あるいは、社会に役立つ人材を早期に求めているだけではないかとの批判もあります。」と述べているが、社会が急激に変化していても動じないような冷静さという要素も学校教育には必要ではないか。

　また、「社会に開かれた教育課程」にとって重要な要素として挙げられている③では、<u>「地域の人的・物的資源を活用したり、放課後や土曜日等を活用した社会教育との連携」</u>ということも提示されている。

　新指導要領では、先述したように「小学校における英語教育・指導の強化」により、子どもにとっても教員にとっても明らかに負担が大きくなる。③のような例示があると、そうした負担を緩和する側面としての「社会に開かれた教育課程」という意図も感じられる。

　「社会に開かれた教育課程」の理念のもと、「子供たちに新しい時代を切

り拓いていくために必要な資質・能力を育むためには、以下の3点にわたる改善・充実を行うことが求められる。」とされ、1点めに挙げられているのが「学習指導要領等の枠組みの見直し」であり、2点めがカリキュラム・マネジメントである。第4章 2 学習指導要領の改善の方向性 **(2) 教育課程を軸に学校教育の改善・充実の好循環を生み出す「カリキュラム・マネジメント」の実現（「カリキュラム・マネジメント」の重要性）** においては、以下のように定義づけられている。

　教育課程とは、学校教育の目的や目標を達成するために、教育の内容を子供の心身の発達に応じ、授業時数との関連において総合的に組織した学校の教育計画であり、その編成主体は各学校である。各学校には、学習指導要領等を受け止めつつ、子供たちの姿や地域の実情等を踏まえて、各学校が設定する学校教育目標を実現するために、学習指導要領等に基づき教育課程を編成し、それを実施・評価し改善していくことが求められる。これが、いわゆる「**カリキュラム・マネジメント**」*である。*

　ここでは、学習指導要領を前提としながらも、編成主体は学校であるということが書かれている。地域の実情等を踏まえて教育計画をそれぞれの学校で実施していくということであるが、「**第10章 実施するために何が必要か－学習指導要領等の理念を実現するために必要な方策－**」では、「1.「次世代の学校・地域」創生プランとの連携」のなかで、「**チームとしての学校**」の実現にむけた改革も説明されている。

○　「**チームとしての学校**」の実現へ向けた改革については、複雑化・多様化する学校の諸課題に対応し、子供たちに必要な資質・能力を育成していけるよう、①学校において教職員が心理や福祉等の専門スタッフと連携・分担する「**専門性に基づくチーム体制の構築**」や、**②管理職の養成、選考・登用、研修の在り方の見直しを含む**「**学校のマネジメント機能の強化**」、③人材育

成の推進や業務環境の改善、学校への支援の充実等といった「教職員一人一人が力を発揮できる環境の整備」の三つの視点に沿った施策を講じることを示している。これにより、<u>学校の教育力・組織力を向上</u>させ、組織として教育活動に取り組む体制を作り上げるとともに、必要な指導体制を整備することとしている。

　続いて「2．学習指導要領等の実施に必要な諸条件の整備（教員の資質・能力の向上）」では「これからの教員には、学級経営や児童生徒理解等に必要な力に加え、教科等を越えた**「カリキュラム・マネジメント」**の実現や、「主体的・対話的で深い学び」を実現するための授業改善や教材研究、学習評価の改善・充実などに必要な力等が求められるとされている。教科等の枠を越えた校内の研修体制の一層の充実を図り、学校教育目標や育成を目指す資質・能力を踏まえ、「何のために」「どのような改善をしようとしているのか」を教員間で共有しながら、学校組織全体としての指導力の向上を図っていけるようにすることが重要である。」とも説明されている。

　以上の引用をまとめてみると、今回の新学習指導要領実現のためには、カリキュラム・マネジメントの実現と「学校組織全体としての指導力の向上」とが密接な関係があり、そのためには**「チームとしての学校」**を実現することも重要な課題であるのだ、と読み取ることができる。2015(平成27)年7月に「チームとしての学校・教職員の在り方に関する作業部会」から発表された**「チームとしての学校の在り方と今後の改善方策について」**（チームとしての学校・教職員の在り方に関する作業部会中間まとめ）を資料として「**チームとしての学校**」について考察してみよう。

　*これからの学校が教育課程の改革、授業方法の革新を実現し、複雑化・多様化した課題を解決していくためには、学校の組織としての在り方や、学校の組織文化に基づく業務の在り方などを見直し、**「チームとしての学校」**を作り上げていくことが大切である。*

そのため、現在、配置されている教員に加えて、多様な専門性を持つ職員の配置を進めるとともに、教員と多様な専門性を持つ職員が一つのチームとして、それぞれの専門性を生かして、連携、協働することができるよう、**管理職のリーダーシップ**や校務の在り方、教職員の働き方の見直しを行うことが必要である。また、「**チームとしての学校**」が成果を上げるためには、必要な教職員の配置と、学校や教職員の**マネジメント**、組織文化等の改革に一体的に取り組まなければならない。

「**チームとしての学校**」像
校長のリーダーシップの下、カリキュラム、日々の教育活動、学校の資源が一体的に**マネジメント**され、教職員や学校内の多様な人材が、それぞれの専門性を生かして能力を発揮し、子供たちに必要な資質・能力を確実に身に付けさせることができる学校

「**チームとしての学校**」の背景や定義については上記のようにまとめられており、「**マネジメント**」と「**リーダーシップ**」という用語が何度か登場する。この「チームとしての学校」を実現するために、学校のマネジメントモデルの転換を図っていくことが必要であるとされており、ここでも以下のように3点が提示されている。

① **専門性に基づくチーム体制の構築**
これからの学校に必要な教職員、専門スタッフ等の配置を進めるとともに、教員が授業等の専門性を高めることができる体制や、専門スタッフ等が自らの専門性を発揮できるような連携、分担の体制を整備する。

② **学校のマネジメント機能の強化**
教職員や専門スタッフ等の多職種で組織される学校がチームとして機能するよう、**管理職のリーダーシップ**や学校の**マネジメント**の在り方等について検討を行い、**校長がリーダーシップ**を発揮できるような体制の整備や、学校内の分掌や委員会等の活動を調整して、学校の教育目標の下に学校全体を動かしていく機能の強化等を進める。

③ **教職員一人一人が力を発揮できる環境の整備**

教職員や専門スタッフ等の多職種で組織される学校において、教職員一人一人が力を発揮し、更に伸ばしていけるよう、学校の組織文化も含めて、見直しを検討し、人材育成や業務改善等の取組を進める。

カリキュラム・マネジメントと特に関わりが深いのは、「(2) 学校のマネジメント機能の強化」であるが、この項目について、同じく「**2　「チームとしての学校」の在り方**」では下記のように説明されている。

(2) 学校のマネジメント機能の強化
　教職員や専門スタッフ等の多職種で組織される学校がチームとして機能するためには、校長が**リーダーシップ**を発揮することが重要であり、そのためには、校長が、学校の長として、子供や地域の実態等を踏まえ、学校の教育ビジョンを示し、教職員と意識や取組の方向性の共有を図ることが必要である。
　また、校長が、自らの示す学校の教育ビジョンの下で、<u>**リーダーシップを発揮した学校運営を実現できるよう、学校の裁量拡大**</u>を進めていくことも重要である。
　国や教育委員会は、管理職の養成、選考・登用、研修とそれぞれの段階において、管理職の資質・能力を向上させ、学校の**マネジメント機能**の強化につながるような施策に取り組む必要がある。
　<u>学校は、学年単位、教科単位で動きがちであることから、カリキュラム・マネジメント等に学校全体で取り組むために、学年や教科等の単位を超えて、企画・立案を行い、実施する機能を強化する必要がある。</u>

「リーダーシップ」「学校の裁量拡大」「マネジメント機能」という用語が使用されているが、ここまでの引用箇所を全体として把握すれば、校長のリーダーシップや裁量権の強化がその重要なポイントであると読み取ることができる。特に上記の引用中の下線部「**学年や教科等の単位を超えて、企画・立案を行い、実施する機能を強化する必要**」に注目すると、「学年」「教科」のまとまりと校長の意向とが相違する場合でも、基本的には校長の指示に従

う必要があるという意図も読み取ることができる。さらに、「3　具体的な改善方策」でも、同じテーマについての記述がある。

(2) 学校のマネジメント機能の強化
学校が地域とも連携しながら、一つのチームとして機能するように、学校の**リーダーシップ**機能や学校の企画・調整機能、事務体制を強化するとともに、学校に関わる全ての職員がチームの一員であるという意識を共有する。
① **管理職の適材確保**
ア　管理職の**リーダーシップ**の在り方等（校長の**リーダーシップ**発揮の在り方等）

　校長は、学校の長として、**リーダーシップ**を発揮するために、まず、子供や地域の実態を踏まえ、学校の教育ビジョンを示し、教職員と意識や取組の方向性の共有を図ることが重要である。
それに当たって、チームとしての学校における校長には、多様な専門性を持った職員を有機的に結びつけ、共通の目標に向かって動かす能力や、学校内に協働の文化を作り出すことができる能力などの資質が求められる。
また、学校の教育活動の質を高めるためには、校長の教育的**リーダーシップ**が重要であり、教育指導等の点で教職員の力を伸ばしていくことができるような資質も求められている。
　校長は、学校という組織で求められる**マネジメント**の能力と、組織一般で有効なマネジメントの能力をバランス良く身に付ける必要がある。
　あわせて、校長が**リーダーシップ**を発揮し、複雑化・多様化した課題を抱える学校を変え、学校の教育力を向上させていくためには、校長の補佐体制を強化することが必要である。例えば、副校長の配置や、教頭の複数配置、事務長の配置など、校長の権限を適切に分担する体制や校長の判断を補佐する体制の整備によって、管理職もチームとして取り組むことが学校の改革のためには有効である。
　さらに、校長が、自らの示す学校の教育ビジョンの下で、**リーダーシップ**

を発揮した学校運営を実現できるよう、**校長裁量経費の拡大等の学校の裁量拡大を一層進める**とともに、保護者や地域住民等が学校運営に参画するコミュニティ・スクール（学校運営協議会制度）等の仕組みを活用しつつ、チームとしての学校の力を一層高めていくことも重要である。
　（中略）
　イ　管理職の養成（管理職候補者の現状等）
　　管理職に適材を確保できなければ、学校の組織力・教育力も低下することは確実であり、優秀な人材が管理職を目指すような取組が求められている。しかし、近年、管理職選考の倍率の低下や、希望降任の増加など、管理職の魅力が低下しているのではないかという指摘がある。

　やはり「リーダーシップ」「裁量権拡大」等の表現がくりかえし登場する。例えば「校長裁量経費の拡大」によって、外部から成果が見えやすくて数値換算しやすい領域に経費を重点的に分配するようなこともあり得る。
　一般的に義務教育の場合、都市部や山間部、人口が比較的密集している地域とそうでない地域等、学校の立地場所の周辺により地域の状況には様々な差異が生じる。それに加えて、地域住民の層についても、均質というわけではなく、比較的所得の高い世帯の多い地域とそうでない地域、教育熱心な地域とそうでない地域との格差がある程度存在している。
　そのような前提が存在している状況下で、カリキュラム・マネジメントという発想によって地域住民の力を取り込む裁量権拡大を提案しても、教育熱心な地域では保護者がいっそう学校運営に協力し、そうでない地域では保護者が学校運営に協力するような余裕がない等、学校間の格差がますます増大するのではないかという懸念はある。
　その一方で注目されるのは、「管理職選考の倍率低下や希望降任の増加」「管理職の魅力の低下」が指摘されていることである。管理職の人材不足という危機感と、カリキュラム・マネジメントとの間には関係があるのかもしれない。

第2節　高等学校における新科目「公共」必修化

　前章でも解説したが、「社会科」は、戦後教育改革の象徴的存在であり、「社会科」を含む新教科についての指導の指針策定ということも学習指導要領の一つの目的であった。この教科の動向は教育課程全体のなかで大きな意味を持っている。高等学校における新教科「公共」についても解説しておきたい。
　2009(平成21)年12月（2014(平成26)年1月　一部改訂）の学習指導要領の「倫理」には、下記のような記述がある。

　今回の改訂においては，まず第一に，学校教育全体に要請されている「生きる力」，特に「生きる力」の核となる豊かな人間性を育成するという「心の教育」を引き続き重視する観点から，その重要な役割を担う科目としての性格付けを一層明確にした。そのため，総則第1款の2で示されている，**高等学校における道徳教育としての人間としての在り方生き方に関する教育の役割を**一層よく果たすことができるよう，目標に「他者と共に生きる主体としての自己の確立を促し」と規定し，「倫理」の学習の課題が，他者と切り離された自己ではなく，**他者と共に生きる主体としての自己の確立**にあることを一層明確にした。そのため，学習内容を生徒が単に知識として受け止めるのではなく，常に生徒自身が他者と共に生きる主体としての自己の課題として受け止める学習となるよう，指導の工夫に幅をもたせることとした。また，**「生命に対する畏敬の念」を目標に加えることによって，生命を尊重するとともに，より深く自己を見つめながら，人間としての在り方や生き方についての自覚を深める学習となることを目指している。**

　「高等学校における道徳教育」「他者と共に生きる主体としての自己の確立」「生命に対する畏敬の念」という表現からもうかがえるように、もともと「倫理」は道徳教育の要素の大きい科目である。この科目は維持されなが

ら、さらに今回新しく「公共」が設置されるのである。そして、今回の答申において、「公共」については下記のように説明されている。

　第一には、**自立した主体とは、孤立して生きるのではなく、他者との協働により国家や社会など公共的な空間を作る主体であるということを学ぶ**とともに、古今東西の先人の取組、知恵などを踏まえ、社会に参画する際の選択・判断するための手掛かりとなる概念や理論を、また、公共的な空間における基本的原理（民主主義、法の支配 等）を理解し、以降の大項目の学習につなげることが適当である。
　第二には、小・中学校社会科で習得した知識等を基盤に、第一で身に付けた資質・能力を活用して現実社会の諸課題を、政治的主体、経済的主体、法的主体、様々な情報の発信・受信主体として自ら見いだすとともに、話合いなども行い考察、構想する学習を行うことが適当である。(中略)また、**これらの主体となる個人を支える家族・家庭や地域等にあるコミュニティを基盤に、自立した主体として社会に参画**し、他者と協働することの意義について考えさせることが求められる。
　第三には、前二つの学習を踏まえて、**持続可能な地域、国家・社会、国際社会づくり**に向けて、諸課題の解決に向けて構想する力、合意形成や社会参画を視野に入れながら、構想したことの妥当性や効果、実現可能性などを指標にして議論する力などを育むことをねらいとして、現実社会の諸課題、例えば、**公共的な場づくり**や安全を目指した地域の活性化、受益と負担の均衡や世代間の調和が取れた社会保障、文化と宗教の多様性、国際平和、国際経済格差の是正と国際協力などを探究する学習を行う構成とすることが適当である。

　「国家」「社会」という集団が繰り返し強調されている。既に道徳教育的な要素の強い「倫理」があるうえに、新科目「公共」が必修とされ、「他者との協働により国家や社会など公共的な空間を作る主体」ということを強調

しようという動向について、3つの学習指導要領をもとに考察してみたい。

　1つめは、1989(平成元)年告示のものである。このときの指導要領から、道徳においては小学校・中学校とも「4つの視点」(「主として自分自身に関すること」「主として他の人とのかかわりに関すること」「主として自然や崇高なものとのかかわりに関すること」「主として集団や社会とのかかわりに関すること」)による構成となる。1970年代までに告示された道徳の指導要領では小学校・中学校とも多くの項目のみが羅列される形式のものであり、それらは特に分類はされていなかった。

　このときの指導要領では、家族や学校に関する記述において大きな変化が見られる。1970年代までは、家族や学校に対してその構成員に対する尊敬や感謝、敬愛の気持を深める記述は存在しても、特定の者に対する表現ではなかった。しかし、1989(平成元)年告示の指導要領では、小学校・中学校ともに「主として集団や社会とのかかわりに関すること」の項目で「父母への敬愛」「先生(教師)への敬愛」が明示されるのである。「先生や学校の人々」というような形で、先生とその構成員とが並列的とされるような表現にはなっているが、4つの視点が導入されることによって「集団や社会とのかかわり」が目立つ形式となったと同時に、「父母や先生への敬愛」という具体的な敬愛対象が明示された。これらのことにより、以前の指導要領に対比すれば、集団を尊重し、そのうえで該当集団の中でも立場が上のものを敬愛しよう─という要素が強められたことは明らかである。

　学習指導要領の変遷でも説明したように、「特別活動」はもともと道徳教育とは関係の深い教育領域ではあるが、この1989(平成元)年告示において、「特別活動」における国旗・国歌の義務化がなされている。

　1970年代までの「特別活動」の指導要領では「国民の祝日などにおいて儀式などを行う場合には，生徒に対してこれらの祝日などの意義を理解させるとともに，国旗を掲揚し，国歌を斉唱(せいしょう)させることが望ましい。」とされていたものが、1989(平成元)年告示の指導要領では「入学式や卒業式などにおいては、その意義を踏まえ、国旗を掲揚するとともに、国歌を斉唱

するよう指導するものとする」と大きく変化する。

　国民の祝日などにおける儀式という極めて限定された場における国旗掲揚・国歌斉唱が、すべての学校で実施されている一般的な「入学式」「卒業式」における国旗掲揚・国歌斉唱に変更され、しかも、「望ましい」という表現であったものが、「指導するものとする」という拘束力を持った強い表現に変えられたのである。このように考えると、1989(平成元)年告示の指導要領では、家族や学校・国家等様々なレベルでの「集団尊重」「集団の中でのシンボル的なものの尊重」ということが道徳でも特別活動でも強化されていると読み取ることができる。

　2つめは、2008(平成20)年告示の学習指導要領である。学習指導要領「道徳」「4　主として集団や社会とのかかわりに関すること。」の項目が小学校1・2年について

(1)　約束やきまりを守り，みんなが使う物を大切にする。

(2)　働くことのよさを感じて，みんなのために働く。

(3)　父母，祖父母を敬愛し，進んで家の手伝いなどをして，家族の役に立つ喜びを知る。

(4)　先生を敬愛し，学校の人々に親しんで，学級や学校の生活を楽しくする。

(5)　郷土の文化や生活に親しみ，愛着をもつ。

　となり、(2)の項目が新たに付け加えられた。1、3、4、5の項目の内容は前の指導要領時のものとほぼ同じであるので、キャリア教育に関連する要素が小学校低学年にまで拡大されたといえる。

　キャリア教育については「学習指導要領等の改善及び必要な方策等　第1部　8章　3キャリア教育」においては「高等学校においても、小・中学校におけるキャリア教育の成果を受け継ぎながら、特別活動のホームルーム活動を中核とし、総合的な探究の時間（仮称）や学校行事、公民科に新設される科目**「公共（仮称）」**をはじめ各教科・科目等における学習、個別指導としての進路相談等の機会を生かしつつ、学校の教育活動全体を通じて行うこ

とが求められる。」とされている。また、「第2部　16 特別活動」では「高等学校においては、**「公共 (仮称)」**において、教科目標の実現を図るとともに、キャリア教育の観点からは、特別活動のホームルーム活動などと連携し、インターンシップの事前・事後の学習との関連を図ることなどを通して、社会に参画する力を育む中核的機能を担うことが期待されている。」とされており、キャリア教育強化の観点から「公共」をとらえることもできる。

　また、このときの指導要領では「指導計画の作成と内容の取扱い」において、「校長の方針の下に，道徳教育の推進を主に担当する教師として**道徳教育推進教師**」が登場した。「幼稚園、小学校、中学校、高等学校及び特別支援学校の学習指導要領等の改善及び必要な方策等について」「第2部　15 道徳教育　ⅱ）指導内容の示し方の改善」においては「高等学校における道徳教育については、小・中学校のように道徳科を特設しておらず、指導する内容項目等は示されていないが、学校全体で行う道徳教育の全体計画を作成、実施するに当たっては、小・中学校の内容項目とのつながりを意識することが求められる。その上で、高等学校の共通性と多様性ということを考慮すると、各高等学校において全体計画を作成、実施するに当たっては、各学校や生徒の実態に応じて、内容を網羅するのではなく重点化して示すことが重要である。このため、校長のリーダーシップの下で、全体計画に基づく道徳教育のカリキュラム・マネジメントを担う者として、**高等学校においても道徳教育推進教師を置く（任命する）ことが求められる。**」という記載もあり、高等学校における道徳教育の強化として**「道徳教育推進教師」**と関連づけながら「公共」をとらえることも必要である。

　3つめに、「道徳科」設置を含む今回2017年告示の学習指導要領である。指導要領告示前の「学習指導要領等の改善及び必要な方策　第2部　各学校段階、各教科等における改訂の具体的な方向性」の「第2章　15 道徳」では「高等学校には道徳の時間が設けられておらず、「公共（仮称）」及び「倫理（仮称）」並びに特別活動が中核的な指導場面として期待されている」と記載されており、「道徳科」がないからこそ高等学校における「公共」を設

置したとも読み取ることができる。

　「道徳科」とされても、1989(平成元)年告示の学習指導要領以降その内容項目について視点が4つに分類されていることに変化はない。また、「自分自身に関すること」の項目でも目立った大きな変化はない。

　「(他の)人との関わり」の項目を見ると、感謝の対象を具体化するために「家族」という記述が追加されている箇所がいくつかある。また、「集団や社会との関わり」では、小学校低学年において「家族の役に立つ喜びを知る」から「家族の役に立つ」へと細かな変化ではあるが、「家族への貢献」というニュアンスが強められているのと、「学校」という具体的な記述が何箇所かで追加され、学校という集団との関わりが強調されるようになっており、「(他の)人との関わり」の項目で家族が強調されていることと相似をなす。さらに、「郷土や我が国」「郷土や国」という記述について、語順が入れ替わり、**「我が国や郷土」**「**国や郷土**」に改められることによって微妙に「国」が強調されている。以上のように文言を確認していくと、微妙なニュアンスを含めて、道徳科では、全体として**「家族」「学校」「国」**という集団が強調される表現となっている。

　「道徳科」については、教科化という問題点や内面への評価という問題等様々な切り口から論じられているが、道徳教育の指導要領の記述の変化を見れば、家族や学校、国家の尊重—特に、父母・先生への敬愛が強められ、「集団的利己主義」等の集団尊重の問題点という面にはあまり触れられなくなっている。こどもたちの現実に直面した道徳教育というよりは、あるべき姿や理想の姿が強調される道徳教育に変化している文脈のなかで、道徳科や「公共」を分析する視点も必要である。

・・・特別章・・・
教育方法論 ―2020年代の展望―

　教育課程とその教育方法とは密接な関係があり、重なり合う部分も大きい。学習者から見れば、教育課程というものを個別にとらえ、細部から把握したものが教育方法であるともいえる。

　武藤隆は、「新任の1年生、最初に来た先生までが全体を考えるというのは無理でしょうけれども、でも、数年経てば、例えば、単元の時間配分ぐらいは考える」と述べ、「この辺りをもうちょっと長くしよう」とか、「ここを入れ替えてみよう」ということも「既にカリキュラム・マネジメントなんだよ」[1]と指摘されているが、指導する時間の配分や順序を交換する程度のことならば、カリキュラム・マネジメントというような表現を付与しなくても、個人の裁量の範囲内の教育方法の工夫であるともいえる。

　2017年告示の学習指導要領をひとつの素材として2020年代の教育方法論についても考察してみよう。

第1節　主体的・対話的で深い学び

　2017年告示の学習指導要領では、小学校中学校とも「第3 教育課程の実施と学習評価」として「1 **主体的・対話的で深い学び**の実現に向けた授業改善」という項目があり、「第1の3の(1)から(3)までに示すこと」すなわち
(1)知識及び技能が習得されるようにすること。
(2)思考力，判断力，表現力等を育成すること。
(3)学びに向かう力，人間性等を涵養すること。
　が偏りなく実現されるよう，単元や題材など内容や時間のまとまりを見通

しながら，児童の**主体的・対話的で深い学び**の実現に向けた授業改善を行うこと。

と記載されている。

「学習指導要領等の改善及び必要な方策　第1部　第7章　2「主体的・対話的で深い学び」」では「主体的・対話的で深い学び」について下記のように3つの視点にまとめられている。

① 学ぶことに興味や関心を持ち、自己のキャリア形成の方向性と関連付けながら、見通しを持って粘り強く取り組み、自己の学習活動を振り返って次につなげる**「主体的な学び」**が実現できているか。
　子供自身が興味を持って積極的に取り組むとともに、学習活動を自ら振り返り意味付けたり、身に付いた資質・能力を自覚したり、共有したりすることが重要である。
② 子供同士の協働、教職員や地域の人との対話、先哲の考え方を手掛かりに考えること等を通じ、自己の考えを広げ深める**「対話的な学び」**が実現できているか。
　身に付けた知識や技能を定着させるとともに、物事の多面的で深い理解に至るためには、多様な表現を通じて、教職員と子供や、子供同士が対話し、それによって思考を広げ深めていくことが求められる。
③ 習得・活用・探究という学びの過程の中で、各教科等の特質に応じた「見方・考え方」を働かせながら、知識を相互に関連付けてより深く理解したり、情報を精査して考えを形成したり、問題を見いだして解決策を考えたり、思いや考えを基に創造したりすることに向かう**「深い学び」**が実現できているか。
　子供たちが、各教科等の学びの過程の中で、身に付けた資質・能力の三つの柱を活用・発揮しながら物事を捉え思考することを通じて、資質・能力がさらに伸ばされたり、新たな資質・能力が育まれたりしていくことが重要である。教員はこの中で、教える場面と、子供たちに思考・判断・表現させる

場面を効果的に設計し関連させながら指導していくことが求められる。

　上記の「主体的な学び」「対話的な学び」「深い学び」の３つの視点は、「子供の学びの過程としては一体として実現されるもの」「それぞれ相互に影響し合うもの」でもあるが、「学びの本質として重要な点を異なる側面から捉えたもの」であり、授業改善の視点としてはそれぞれ固有の視点であることに留意が必要であり、この視点に立った授業改善を行うことで、学校教育における質の高い学びを実現し、学習内容を深く理解し、資質・能力を身に付け、生涯にわたって能動的（アクティブ）に学び続けるようにすることが目指されている。

　以下、「第２部　各学校段階、各教科等における改訂の具体的な方向性」をもとにして、具体的に、家庭(技術)、国語、外国語、社会、数学、理科について、キーワードを中心にそれぞれの項目をまとめてみる。

　「主体的な学び」の項目については、「学習課題」「問題の解決」をキーワードとする教科が多い。家庭(技術)では「現在及び生涯を見通した生活の**課題**について、解決の見通しを持ち、**課題の発見や解決**に取り組むとともに、学習の過程を振り返って、次の学習に主体的に取り組む態度を育む学び」と位置づけ、「学習した内容を実際の生活で生かす場面を設定し、自分の生活が家庭や地域社会と深く関わっていることを認識したり、自分が社会に参画し貢献できる存在であることに気付いたりする活動」が例示されている。

　数学・社会では具体的な対象は示されていないが、理科では「自然の事物・現象」「観察・実験の結果」「得られた知識や技能」が挙げられている。外国語では、「社会や世界と関わり、学んだことを生涯にわたって生かそうとするか」「身の回りのことから社会や世界との関わりを重視した題材」が挙げられ、国語では「実社会や実生活との関わりを重視した**学習課題**として、子供たちに身近な話題や現代の社会問題を取り上げたり自己の在り方生き方に関わる話題」が挙げられている。

　「対話的な学び」については、「会話」「討論」「意見交換」等をキーワー

ドとする教科が多い。家庭(技術)では「他者との**会話**を通して考えを明確にしたり、他者と意見を共有して互いの考えを深めたり、他者と**協働**したりするなど、自らの考えを広げ深める学び」と位置づけ、「直接、他者との対話を伴わなくとも、既製品の分解等の活動を通してその技術の開発者が設計に込めた意図を読み取るといったこと」なども、自らの考えを広げ深める学びとして例示されているが、家庭科実習でつくられた作品についても製作者の意図を読み取るということはあると考えられる。

理科では「課題の設定や検証計画の立案、観察・実験の結果の処理、考察・推論する場面などでは、あらかじめ個人で考え、その後、**意見交換**したり、議論したりして、自分の考えをより妥当なものにする学習場面」が例示され、外国語では「他者を尊重した対話的な学びの中で、社会や世界との関わりを通じて情報や考えなどを伝え合う言語活動の改善・充実を図ること」を重要であるとし、「言語の果たす役割として他者とのコミュニケーション(**対話や議論**等)の基盤を形成する観点を資質・能力全体を貫く軸として重視しつつ、コミュニケーションを行う目的・場面・状況に応じて、他者を尊重しながら対話が図られるような言語活動を行う学習場面」を設定することが提示されている。国語科では「子供同士、子供と教職員、子供と地域の人が、互いの知見や考えを伝え合ったり**議論**したり協働したりすることや、本を通して作者の考えに触れ自分の考えに生かすことなどを通して、互いの知見や考えを広げたり、深めたり、高めたりする言語活動を行う学習場面」が例示されており、社会科で「実社会で働く人々が**連携・協働**して社会に見られる課題を解決している姿を調べたり、実社会の人々の話を聞いたりする活動の一層の充実」が期待されているのと同じく「対話」の範囲として学校を超えた対象として地域や実社会が想定されている。ただし、社会科では「話合いの指導が十分に行われずグループによる活動が優先し内容が深まらないといった課題」が指摘されている。

「**深い学び**」について、家庭(技術)では、「児童生徒が、生活の中から問題を見いだして課題を設定し、その解決に向けた解決策の検討、計画、実践、

評価、改善といった一連の学習活動の中で、「生活の営みに係る見方・考え方」や「技術の見方・考え方」を働かせながら課題の解決に向けて自分の考えを構想したり、表現したりして、資質・能力を獲得する学び」と位置づけ、この学びによって「生活や技術に関する事実的知識が概念的知識として質的に高まったり、技能の習熟・熟達（定着）」が図られ、「思考力・判断力・表現力も豊かなものとなり、生活や技術についての課題を解決する力や、生活や技術を工夫し創造しようとする態度」が育成されるとする。

　数学では「数学に関わる事象や、日常生活や社会に関わる事象について、数学的な見方・考え方」を働かせることによって、「数学的活動を通して、新しい概念を形成したり、よりよい方法を見いだしたりするなど、新たな知識・技能を身に付けてそれらを統合し、思考、態度が変容する」ことを「深い学び」としている。社会では、「諸資料等を基にした多面的・多角的な考察、社会に見られる課題の解決に向けた広い視野からの構想（選択・判断）、論理的な説明、合意形成や社会参画を視野に入れながらの議論」などを通すことによって「社会的事象等の特色や意味、理論などを含めた社会の中で汎用的に使うことのできる概念等に関わる知識」を獲得することが求められている。「主権者教育の充実のため、モデル事業による指導法の改善や単元開発の実施、新しい教材の開発・活用など教育効果の高い指導上の工夫の普及」が例示されている。外国語では「言語の働きや役割に関する理解、外国語の音声、語彙・表現、文法の知識や、それらの知識を五つの領域において実際のコミュニケーションで運用する力」を習得し、実際に活用することによって「外国語教育における「見方・考え方」を働かせて思考・判断・表現し、学習内容を深く理解し、学習への動機付け等がされる」ことが「深い学び」につながり、「資質・能力の三つの柱に示す力が総合的に活用・発揮」されるとする。国語では、「言葉による見方・考え方」を働かせ、言葉で理解したり表現したりしながら自分の思いや考えを広げ深める学習活動」において、「子供自身が自分の思考の過程をたどり、自分が理解したり表現したりした言葉を、創造的・論理的思考の側面、感性・情緒の側面、他者とのコミュニケー

ションの側面からどのように捉えたのか問い直して、理解し直したり表現し直したりしながら思いや考えを深めること」が重要であるとし、思考を深めたり活性化させたりしていくための語彙を豊かにすることなども重要としている。

　学びの定義を明らかにしている教科や例示をしている教科等様々であるが、少なくとも言語学習が中心となる教科では「対話的な学び」のイメージはつかみやすく、社会科を含めて文系とされる教科では社会との結びつきも、教科の学びの中に取り込みやすいといえる。「第1部　第7章　2「主体的・対話的で深い学び」において「総合的な学習の時間における地域課題の解決や、特別活動における学級生活の諸問題の解決など、地域や他者に対して具体的に働きかけたり、対話したりして身近な問題を解決することを指すもの」以外に例示されているものも、**「例えば国語や各教科等における言語活動や、社会科において課題を追究し解決する活動、理科において観察・実験を通じて課題を探究する学習、体育における運動課題を解決する学習、美術における表現や鑑賞の活動」**であり、逆に考えればここで挙げられている教科以外の「アクティブ・ラーニング」は少々イメージしにくい部分がある。

　少なくとも、授業の中での「対話的」と「深い学び」とは同時に達成することは難しいのではないか。グループ学習を考えてみよう。ある児童・生徒Aが「深い学び」を実現しようと考え、自分なりに深い洞察をしたとして、そのことをグループ学習の場で表現した場合に、同程度に深い考察をした者でないと、Aの考察の水準で意見交換をすることは難しい。Aに共感・納得することができても、Aの考察を他者がさらに深めるように促すことは短時間では達成しにくい。もし、Aと意見交換が可能なBが出現したとしても、今度はABふたりのみの意見交換となり、他の者は参入しにくくなる。「グループによる活動が優先し内容が深まらない」という指摘がされていたが、多くの参加者が参加しやすく対話しやすい、つまり「対話的」にしようとすればするほど、議論の方は深まりにくい、という状況が起こる。

　アクティブ・ラーニングと表現した場合には、「主体的・対話的」という

要素が重視されたものと理解されやすい。「学習指導要領の改善及び必要な方策」の記載では、補足資料「アクティブ・ラーニングの失敗事例調査から」を踏まえて、アクティブ・ラーニングの視点については、**「深まりを欠くと表面的な活動に陥ってしまうといった失敗事例も報告されている。」** と指摘されたうえで、「深い学び」の視点は極めて重要であるとされている。AL（アクティブ・ラーニング）という表現によって、「深まりを欠く表面的な活動」と受けとめられてしまうことへの懸念から、学習指導要領本文では、敢えて「主体的・対話的で深い学び」と記載されたのかもしれない。

　学習指導要領の記述で、このように学習方法にまで言及されていることに対して、従来のものと比べて大きな変化であるとの指摘も多い。例えば下記である。

　教育の内容と方法ということで言えば、学習指導要領が「告示」として法的拘束力をもつようになった 1958 年の指導要領から現行の指導要領にいたるまで、改訂のたびに問題になってきたのは専ら内容の方だった。指導方法についていえば、ディベートなどの個別的技法が例示されることはあっても、今回のように、学習システムそのものの改革が提起されたことは一度もなかったといってもよい。この一事をとってみても大きな転換点に差し掛かっていることが分かる[2]。

　アクティブ・ラーニング、小学校英語教育、高等学校における「公共（仮称）」という科目の新設など、新学習指導要領には熟議を要する項目が幾つもあるが、今回改訂の最大のポイントは、従来の「何を教えるか、何を学ぶか」というカリキュラム・スタンダードから、「何ができるようになるか」「何が身に付くのか」という「結果」と学習到達度を強調する、いわゆる「パフォーマンス・スタンダード」へと大きく形を変えようとしていることだと私は考えている[3]。

「国際数学・理科教育動向調査(TIMSS2015)」や「生徒の学習到達度調査(PISA2015)」の結果を気にしながら、指導方法にまで踏み込まれていることに対して問題提起する指摘もある。先述したように個々の教科の特性によっても、学習方法への問題意識は様々に変容する。

今後各教科の内容の深まりに応じて受講者諸君のそれぞれが自分自身の教科指導におけるアクティブ・ラーニングの課題を模索してもらうとして、基本的には全ての教員が関与する「道徳教育」を例として、その教育方法を次節では考察してみよう。

第2節　道徳教育方法論

「学習指導要領等の改善及び必要な方策　第2部　各学校段階、各教科等における改訂の具体的な方向性　」の「第2章　15道徳」から、「主体的・対話的で深い学び」の実現に関わる部分を引用してみよう。

①「主体的な学び」の視点
「主体的な学び」の視点からは、児童生徒が問題意識を持ち、自己を見つめ、道徳的価値を自分自身との関わりで捉え、自己の生き方について考える学習とすることや、各教科で学んだこと、体験したことから道徳的価値に関して考えたことや感じたことを統合させ、自ら道徳性を養う中で、自らを振り返って成長を実感したり、これからの課題や目標を見付けたりすることができるよう工夫することが求められる。

このため、<u>主題やねらいの設定が不十分な単なる生活経験の話合いや、読み物教材の登場人物の心情理解のみに終始する指導、望ましいと思われることを言わせたり書かせたりすることに終始する指導などに陥らないよう留意することが必要である</u>。例えば、児童生徒の発達の段階等を考慮し、興味や問題意識を持つことができるような身近な社会的課題を取り上げること、問題解決的な学習を通して一人一人が考えたことや感じたことを振り

返る活動を取り入れること、我が国や郷土の伝統や文化、先人の業績や生き方に触れることや、自然体験活動など美しいもの・気高いものなどに出会う機会を多様に設定し、そこから感じたことを通じて自己を見つめ、自分自身の生き方について考え、多様な考えを持つ他者を相互に認め合い広い心で異なる意見や立場を尊重し、共によりよく生きようという意欲などを高めるようにすることも重要である。また、年度当初に自分の有様やよりよく生きるための課題を考え、課題や目標を捉える学習を行ったり、学習の過程や成果などの記録を計画的にファイル等に集積（ポートフォリオ）したりすること等により、学習状況を自ら把握し振り返ることができるようにすることなどが考えられる。

② 「対話的な学び」の視点

「対話的な学び」の視点からは、子供同士の協働、教員や地域の人との対話、先哲の考え方を手掛かりに考えたり、自分と異なる意見と向かい合い議論すること等を通じ、自分自身の道徳的価値の理解を深めたり広げたりすることが求められる。例えば、教材や体験などから考えたこと、感じたことを発表し合ったり、「理解し合い、信頼や友情を育む（友情、信頼）」と「同調圧力に流されない（公正、公平、社会正義）」といった葛藤や衝突が生じる場面について、話合いなどにより異なる考えに接し、多面的・多角的に考え、議論したりするなどの工夫を行うことや、日頃から何でも言い合え、認め合える学級の雰囲気を作ることが重要である。また、資料を通じて先人の考えに触れて道徳的価値の理解を深めたり自己を見つめる学習につなげたりすることができるような教材の開発・活用を行うことや、様々な専門家や保護者、地域住民等に道徳科の授業への参加を得ることなども「対話的な学び」の視点から効果的な方法と考えられる。また、児童生徒同士で話し合う問題解決的な学習を行うに当たっては、そこで何らかの合意を形成することが目的ではなく、そうした学習を通して、**道徳的価値について自分のこと**

として捉え、多面的・多角的に考えることにより、将来、道徳的な選択や判断が求められる問題に対峙した時に、自分にも他者にとってもよりよい選択や判断ができるような資質・能力を育てることにつなげることが重要であることに留意する必要がある。なお、発達の段階や個人の特性等を踏まえれば、教員が介在することにより「対話的な学び」が実現できる場合も考えられ、その実態を踏まえた適切な配慮が求められる。言葉によって伝えるだけでなく、多様な表現を認めることも大切である。特に、特設の道徳科の時間がない高等学校においては、特別活動、特にホームルーム活動における話し合いを通して、人間としての在り方生き方に関する考えを深めることが重要である。(中略)

③「深い学び」の視点

「深い学び」の視点からは、道徳的諸価値の理解を基に、自己を見つめ、物事を多面的・多角的に考え、自己の生き方について考える学習を通して、様々な場面、状況において、道徳的価値を実現するための問題状況を把握し、適切な行為を主体的に選択し、実践できるような資質・能力を育てる学習とすることが求められる。そのためには、**単に読み物教材の登場人物の心情理解のみで終わったり、単なる生活体験の話合いや、望ましいと分かっていることを言わせたり書かせたりする指導とならないよう留意し**、道徳的な問題を自分事として捉え、議論し、探究する過程を重視し、道徳的価値に関わる自分の考え方、感じ方をより深めるための多様な指導方法を工夫することなどが考えられる。深い学びにつながる指導方法としては、例えば以下のような工夫が考えられる。

・読み物教材の登場人物への自我関与を中心とした学習において、教材の登場人物の判断と心情を自分との関わりにおいて多面的・多角的に考えることを通し、道徳的価値の理解を深めること。
・様々な道徳的諸価値に関わる問題や課題を主体的に解決する学習において、児童生徒の考えの根拠を問う発問や、問題場面を自分に当てはめて考え

てみることを促す 発問などを通じて、問題場面における道徳的価値の意味を考えさせること。
　・道徳的行為に関する体験的な学習において、疑似体験的な活動（役割演技など）を通して、実際の問題場面を実感を伴って理解することで、様々な問題や課題を主体的に解決するために必要な資質・能力を養うこと。

　「主体的な学び」「深い学び」において「読み物教材の登場人物の心情理解のみに終始する指導」「読み物教材の登場人物の心情理解のみ」と、心情理解のみの読み物教材指導が重ねて批判されている。さらに、「主題やねらいの設定が不十分な単なる生活経験の話合い」「単なる生活体験の話合い」も批判されている。実は、同様の指摘は過去にもされている。
　例えば1951(昭和26)年の小・中・高校学習指導要領(試案)一般編(試案)の方でも、道徳教育が教育のある部分ではなく「教育全体」で実施されるべき、ということが記載されている。「Ⅱ教育課程」の「１．小学校の教科と時間配当」(d)　道徳教育について」では「健全な社会は，常に健全な道徳をもっている。民主的社会の建設をざして，新たに出発したわが国においては，学校教育においても，新しい立場にたって民主社会の建設にふさわしいじゅうぶんな道徳の指導が行われねばならない。」としながら、当時の教育の実情をふまえると、「ただ目標としてこれを掲げるのみならず，どのようにしてこの方面の指導を行うかの具体的な方策」を明らかにすることを必要とし、「民主社会における望ましい道徳的態度の育成は，これまでのように，徳目の観念的理解にとどま」ることを排すべきだとしている。
　また、1955(昭和30)年度の「小学校　学習指導要領　社会科編」では、「教科としての社会科の特性」の項目で、「修身科で取り扱った各種の徳目，たとえば礼儀，尊敬，感謝などには，今日の社会生活においても，これを尊重していかなければならないものが数多くある。」とその内容については部分的に肯定しながら、「これらの徳目を中心として組織された学習内容が，主として教科書の講読，格言の暗誦，教師の訓話など，いわば<u>教師の一方的な</u>

注入によって教えられる傾向が強かったので，児童の人間性を内面から開発し，実生活にあたって自主的に判断し行動し得るような能力を養うという点で欠ける面が少なくなかった。いくつかの徳目の観念的な理解に終ったり，時としてはかえって児童に表裏のある生活態度を植えつける場合も生じた。」というふうにその教育方法は批判されている。

　読み物教材は，道徳教育における徳目を具体的に理解させるための「例話」ともいえるが，「時と所を異にした人物の行為の例であっても，それが児童の道徳的心情をゆり動かし，かなり強い感銘を与えるという教育的効果」は認める一方で，「そのような例話を通して児童に感銘を与えておきさえすれば，かれらが将来いろいろ異なった現実の事態に対処していく場合，いつでも正しい道徳的判断をし，望ましい社会生活ができるものと考えるのは早計である。」と批判している。道徳教育の究極のねらいとされている「具体的な時と所に応じてどう行為することが親切なことになるのかということを自主的に考え，実行できるような人間にすること」にとっては，例話によって感銘を与えるだけでは不充分である，とその教育方法が主に問題とされているのである。

　社会生活において，親切ということがいかにたいせつなことかという一般的な理解や感銘を与えるだけでなく，具体的な時と所に応じてどう行為することが親切なことになるのかということを自主的に考え，実行できるような人間にすることこそ，道徳教育の究極のねらいでなければならない。

　そしてこのような意味における考える力，実行力の基礎には，当然社会生活についての広く深い理解，たとえば，現在の社会の中では人々は互にどのように関係し合い，どのような機構や制度を通じて結ばれ合っているか，またそれらの関係はどのような努力を通して歴史的に変ってきたものであるかなどについての具体的認識が必要なのである。すなわち，道徳的な判断力や実践力というものは，歴史，地理，その他いろいろな観点からとらえた

社会についての理解に裏づけられてこそ，初めて真に生き生きとした力強いものになるといえるのである。

　また，こうした道徳的判断力を効果的に養うには，ただ例話などを活用するだけでなく，学習全体を児童が自発的，積極的な関心を持って進め得るようにする必要がある。すなわち，<u>かれらが生活の中で出会う個々の具体的な問題に即し，望ましい道徳的判断や行為のしかたを考えることのできるような学習の過程を重視しなければならない。</u>

　以上のように，道徳教育という一つの観点から考えても，知識と行動（知的なものと実践的なもの），さらに心情などが，ばらばらになるようなことなく，これらが真に児童の統一ある人格として形成されていくには，あまり狭い分野に固定した教科目の中で児童にとって受動的な学習が行われるよりは，<u>かれらみずからが広く社会に対する知見を深めつつ，自己の生活態度についての反省や望ましい心情，習慣の形成ができていくような学習のほうが有効である。</u>そして，このような要請が，社会科という教科を生む一つの契機になったものと考えてよかろう。

　「具体的な時と所に応じてどう行為することが親切なことになるのかということを自主的に考え，実行できるような人間」「個々の具体的な問題に即し，望ましい道徳的判断や行為のしかたを考えることのできるような学習の過程を重視」「自己の生活態度についての反省や望ましい心情，習慣の形成ができていくような学習」は、いずれも、「主体的な学び」を問題にしている。ただ、第3章でも指摘したように「個々の具体的な問題」に該当する記載は学習指導要領の文言としては、1960年代以降薄まっていくのである。
　「学習指導要領等の改善及び必要な方策等　第2部　第2章　15道徳」では、その学びについて、以下のようにも指摘されている。

道徳的な問題場面には、①道徳的諸価値が実現されていないことに起因する問題、②道徳的諸価値についての理解が不十分又は誤解していることから生じる問題、③道徳的諸価値のことは理解しているが、それを実現しようとする自分とそうできない自分との葛藤から生じる問題、④複数の道徳的価値の間の対立から生じる問題などがあり、これらの問題構造を踏まえた場面設定や学習活動の工夫を行うことも大切である。

　上記のなかで、少なくとも③については「そうできない自分」という現実の自分が問題とされている。④の「複数の道徳的価値観の対立」はモラルジレンマとも呼ばれるが、この問題を読み物教材だけではなく、現実の社会の中で考えるならば、やはり現実の「具体的な問題」がテーマとなる。

　さきほど引用した「学習指導要領等の改善及び必要な方策」「第2章　15　道徳」のなかでは、「望ましいと思われることを言わせたり書かせたりすることに終始する指導」「望ましいと分かっていることを言わせたり書かせたりする指導」も重ねて批判されているが、実際の学習指導要領の文言としては現代に近づくほど現実の姿でははく「望ましいと分かっていること」のみが記載されるように変わってきているのである。

　道徳教育というものをひとつの例としてこのように考察してみると、戦前に続いていた修身による教育と、戦後はその否定、そして道徳の時間の設置、「道徳科」というふうにその教育課程(学習指導要領)は変遷してきているが、教育方法については、同じような課題について模索が継続しているのである。

　次節では学習指導要領における教育方法に関する記載を整理してみよう。

第3節　過去の学習指導要領における教育方法論

　過去の学習指導要領を一例にして考察してみよう。

　1947(昭和22)年指導要領(試案)では「**第四章　学習指導法の一般**」とし

て「一　学習指導は何を目ざすか」という項目がある。

　学習指導とは、「教授とか授業とかいって来たのと同じ意味のことば」であり、知識や技能を教師が児童や青年に伝えることだと理解されるかもしれないが、「ただ知識や技能を伝えて，それを児童や青年のうちに積み重ねさえすればよいのだとはいえない。」としていることも注目される。

　学習の指導は「人類が過去幾千年かの努力で作りあげて来た知識や技能を，わからせることが一つの課題」ではあるが、それだけでその目的を達したわけではなく、現在ならびに将来の、いろいろな問題を適切に解決していく力を養成する必要があり、そのために、生活についてよく考えた教材を用意して，これを将来の力になるように学ぶよう指導しなくてはならないとされているのである。

　では，このような学習の指導を適切にするには，どうしたらよいだろうか。この問に対して第一に答えなくてはならないのは，このような教材をこのような学び方で学んで行くように指導するには，まず「学ぶのは児童だ」ということを，頭の底にしっかりおくことがたいせつだということである。教師が独りよがりにしゃべりたてればそれでよろしいと考えたり，教師が教えさえすればそれが指導だと考えるような，教師中心の考え方は，この際すっかり捨ててしまわなければなるまい。

　次に，第二に答えなくてはならないのは，児童や青年をそういうふうに学ばせて行くには，かれらがほんとうに学んでいく道すじに従って，学習の指導をしなくてはならないということである。児童や青年がほんとうに学ぶには，一つの道すじがある。学習の指導はこの道すじに従って，その要点をとらえてなされなくてはならない。

　このようなことを考えてみると，ほんとうの学習は，すらすら学ぶことのできるように，こしらえあげた事を記憶するようなことからは生まれて来ない。児童や青年は，まず，自分でみずからの目的をもって，そのやり口を計

画し，それによって学習をみずからの力で進め，更に，その努力の結果を自分で反省してみるような，実際の経験を持たなくてはならない。だから，ほんとうの知識，ほんとうの技能は，児童や青年が自分でたてた目的から出た要求を満足させようとする活動からでなければ，できて来ないということを知って，そこから指導法を工夫しなくてはならないのである。

　児童や青年が主体の学習活動ということが強調され、そのための指導法を工夫する必要があるとされている。

　文部科学省「学制百年史編集委員会　六　戦後の教育改革」でも「**児童の学習を指導する方法原理として新しい考え方に注目し、一般に、児童・生徒の学習活動を尊重し、従来の注入主義を改める必要があること**」が明らかにされ、児童・生徒の自律的活動を進めるための「**討議法**」が新しい方法の一つとして奨励されているが、これは、新指導要領における「対話的な学び」と共通点の多い教育方法であるといえる。

　実際に討議の時間が取り込まれた授業計画が学習指導要領（試案）では提示されている。「個人の能力を伸ばすようにして個人差に応ずる学習ができる方法」「能力別に班をつくって学習する方式」「生活の中の問題をとらえ、経験をもととした学習内容を展開する方法として単元学習」「教科書・教材を学ぶばかりでなく、児童・生徒が地域において具体的に見聞し経験した内容を尊重する立場から、さまざまな経験的学習活動を展開できるようにする方法」の例として理解して欲しい。

　「第3章　二　小学校の教科課程と時間数」では、時間割を決めるための計画として「いろいろな活動がうまく組み立てられて、円滑にしかも変化のある指導のできるプログラム」が紹介されており、7種類設定されている。

1．児童が相談し合う時間。 これは児童が自分の経験を話し合ったり，前の学習の結果を反省しあったり，また，その日の計画を話し合ったりするような時間である。児童が一日の学習に入って行く**きっかけを作り，興味をもつ**

<u>て学習活動</u>をするようにするために，極めて大切な意味を持っている。

2．**理解のための時間**。学習はすべてに理解が成立しなくてはならない。そのためには，教師が**誘導したり，刺げきしたり，暗示を与えたり，勇気をつけたり**することが**必要**である。

3．**熟練のための時間**。後に述べるように，学習は理解とともに，熟練して身につくようにならなくてはならない。しかし，理解にも熟練にも個人差があるので，理解のために力を注ぐと同時に，熟練にいたるまでは一人一人について指導して，これを進めて行くことがたいせつである。そこで，そういう個人的な指導をして，熟練にいたらせる時間が必要になる。このような時間は，前の理解の時間とは違った趣きを持っている時間として，一日のうちのどこかに組み入れられることが大切である。

4．**情操をたかめる時間**。美しい絵をみたり，音楽をきいたり，うたったりする時間がこれである。このような時間は，また児童の違った生活の成長のために，一日の時間割の中に組み入れられることが大切である。

5．**表現のための時間**。児童が何かを組み立てたり，作ったり，詩や歌を作ったり，絵をかいたりする時間がこれである。児童は自分の学んだことや，経験したことを表現する要求を持っている。いろいろな学習はこのようなところまで進行するのが普通である。しかも，これらの活動は以上のようなものと違った意味で，児童の生活を活発にし，豊かにし，学習を進める。このような時間も，また，一日の時間の中にあることが望ましいのである。

6．**自由の時間**。これはすでに述べた自由研究の時間と同じで，また一日のうちの，どこかにほしい時間である。

7．**休みの時間，遊びの時間**。児童が学習を続けている間に，休みの時間が求められることはもちろんである。また，体育の時間としてきまっている時間のほかに，遊びの時間があることもたいせつである。ただしかし，この休みの時間は，これまでのように，一時限の学習のあとに，きっとつきものになって，十分おかれるということを意味してはいない。学習のあとで，しばらく静かにしていることも，五分間そこいらをかけまわることも，この時間

であるし，必要があれば，十分十五分休んだり，遊んだりするのも，この時間である。要は児童の要求を考えて，適当にこの時間をとるように計画することがたいせつなのである。

　はじめの3つの時間では、**相談→理解→熟練**という3段階が想定されており、相談は「きっかけを作り、興味をもって学習活動」をすすめるうえで極めて大切な意味を持つとされ、新指導要領における「主体的な学び」を形成する時間であるともいえる。また、理解や熟練は新指導要領における「深い学び」と重なる部分が多く、一人ひとりへの個人的指導を通して「誘導、刺げき、暗示、勇気」によって学びの深化を促しているのである。

　「4 情操をたかめる時間」は絵画鑑賞や音楽の授業に近く、「5 表現のための時間」は、図画工作や国語科における表現指導に近い。「6 自由の時間」「7 休みの時間、遊びの時間」とは区分されており、自由の時間は、自由研究を含めて、あくまでも学習活動という位置づけなのである。

　「一日の時間の使い方は，学習の進展や，児童の要求を考えて，いろいろな教科について，いろいろ違った活動を取り入れて，変化のある，しかも，一日の指導が円滑に進むような，時間割を作ることのたいせつなことがわかる。」として、具体的なプログラムも紹介されている。

9時　　***相談の時間***。歌をうたう。できごとを話し合う。今日の計画を話し合う。
9:15分　社会科。仕事の進行について話し合い，その仕事をおたがいに反省し，今日の話し合いの題をきめる。話し合う。これに関係した表現活動をする。
10:15　体育，自由遊戯。児童一人一人について栄養と休息のプログラムを話し合う。
11:10　国語。話し方。作文―お話をかく。
12:00　昼食，休み。運動場で遊ぶ。

1:00 算数。個人指導を主とする，特殊の児童たちには新しく考える問題を提出する。
1:40 音楽，練習，鑑賞。
2:00 休憩
2:10 国語。読みの練習を主とする。成績のわるい児童の指導をする。
2:40 図画工作，または自由研究。
3:30 放課。

　はじめに 15 分「相談の時間」があり、続く社会科でも、仕事の進行について話し合う時間が設けられている。体育の「自由遊戯」における話し合いが、教員と児童との話し合いかもしれないが、どちらにせよ、教育方法として、話し合うことが重視されていることがわかる。その雰囲気は視聴覚教材⑥⑦からもうかがえる。(第2章参照)

　昭和 26（1951）小学校中学校学習指導要領「Ⅴ　学習指導法と学習成果の評価」「1．　教育課程と学習指導法」においても、「学習内容のよい選択とともに，すぐれた指導法がそれに伴わなければならない。」として、「個々の教材をよく研究し吟味することによって，それに最も適した指導法が考え出される。」としている。

　教育課程が児童・生徒の発達に即さねばならないということは，同時に指導法が児童・生徒の発達に応じたものでなければならないことを意味する。それがために，児童・生徒をよく理解することが有効な指導法を考える基礎となる。すなわち，教材の研究と児童・生徒の理解とは，学習指導法を考える場合の基礎となるものである。このように，教育課程と学習指導法とは密接に結びついている。われわれは常に両者の深い関係を忘れてはならないのである。

　この引用部分において、指導法が「児童・生徒の発達に応じたものでなけ

ればならない」ということが強調されている。「児童・生徒を良く理解すること」こそが、「有効な指導法」の基礎となるというのである。児童・生徒をまず理解し、そこから教育目標を設定し、学習指導を始めよう姿勢を読み取ることができる。このように考えていくと、「主体的・対話的で深い学び」と共通する学びをこの時期の学習方法に見出すことができる。

あらためて、「学習指導要領等の改善及び必要な方策等」(2016年)第1部第4章から「カリキュラム・マネジメント」に関係する記述を考察してみよう。

○「カリキュラム・マネジメント」の実現に向けては、校長又は園長を中心としつつ、教科等の縦割りや学年を超えて、学校全体で取り組んでいくことができるよう、**学校の組織や経営の見直し**を図る必要がある。そのためには、管理職のみならず全ての教職員が「カリキュラム・マネジメント」の必要性を理解し、日々の授業等についても、教育課程全体の中での位置付けを意識しながら取り組む必要がある。また、学習指導要領等の趣旨や枠組みを生かしながら、**各学校の地域の実情や子供たちの姿等と指導内容を見比べ、関連付けながら、**効果的な年間指導計画等の在り方や、授業時間や週時程の在り方等について、校内研修等を通じて研究を重ねていくことも重要である。

○ このように、「カリキュラム・マネジメント」は、**全ての教職員**が参加することによって、学校の特色を創り上げていく営みである。このことを学校内外の**教職員**や関係者の役割分担と連携の観点で捉えれば、管理職や教務主任のみならず、生徒指導主事や進路指導主事なども含めた**全ての教職員**が、教育課程を軸に自らや学校の役割に関する認識を共有し、それぞれの校務分掌の意義を子供たちの資質・能力の育成という観点から捉え直すことにもつながる。

○ また、家庭・地域とも**子供たちにどのような資質・能力を育むか**という目標を共有し、学校内外の多様な教育活動がその目標の実現の観点からどのような役割を果たせるのかという視点を持つことも重要になる。そのため、

園長・校長がリーダーシップを発揮し、地域と対話し、地域で育まれた文化や子供たちの姿を捉えながら、地域とともにある学校として何を大事にしていくべきかという視点を定め、学校教育目標や育成を目指す資質・能力、学校のグランドデザイン等として学校の特色を示し、**教職員や家庭・地域の意識や取組の方向性を共有していくことが重要である。**

「学校の組織や経営の見直し」「全ての教職員」「園長・校長がリーダーシップ」等の表現はくりかえし書かれているが、子どもについては「各学校の地域の実情」「どのような資質・能力を育むか」という程度である。カリキュラム・マネジメントが、教育課程を編成する立場の者からの視点であるので、それは自然なことであるともいえる。一方で、今回の学習指導要領において外国語教育の負担が増大したことや、「社会に開かれた教育課程」という発想を考えた場合、教育課程を構想する場合の発想として子どもの実態を見ようという姿勢よりも「社会からの要請」の方に重点が偏っているのではないだろうか、という疑問は残る。

このように**昭和26（1951）小学校中学校学習指導要領**と対比してみると、その疑問はいっそう強くなるのである。

第4節　教育方法に関わる視聴覚教材

教育方法論に関係する視聴覚教材もいくつか紹介しておこう。

次に紹介されている教材 AB ではいずれも、戦争前の「注入型」の教育方法のありかたがよくわかる。教材 A の「軍人精神注入棒」は、現代の学生には信じられないかもしれないが、「軍人の精神を叩き込むことによって強い軍隊をつくる」という名目のもとで、強烈な体罰が公然と行われていたのである。軍隊だけではなく、教材 B で当時のアメリカが分析しているように、「同じように考える生徒を大量生産」するような、一方的で暴力的な教育のありかたは、戦前の教育のありかたのひとつの典型である。極端ではあるが、

しかし実際に存在していた教育方法のひとつとして理解して欲しい。

　教材CDは、教育方法の工夫という点で共通する。特に教材Cでは当時極めて低学力の状況にあった黒人の子どもたちに、白人の教員が型破りな教育活動を行う。野外での教育場面も多いが、花や植物についての学習だけではなく、お菓子を投げることを素材とした簡単な物理学や、水泳を学ぶような場面もある。保守的な大人が多いなかで、極めて革新的で斬新な教育方法であっただろう。

　若い女性教員による奮闘が中心である教材Dにおいて、授業の中での教育方法そのものが登場する場面は多くはないが、大きな箱から次々に箱が登場する場面は、作文指導や表現指導の契機として興味深い。

　教材EFは比較的新しい映像であるが、Eでは、コミュニケーションの手段としての数学を教員が回想をまじえながら説明している。Fでは、ゲーム的な要素を取り込むことによって、中学生を英語に親しませようという実際の授業場面が登場する。

A　『ああ予科練』DVD発売2005年　　1968年公開

4分半後　日本の海軍は何故強いか。「軍人精神注入棒」があるからだ、と説明。脱帽。帽子の置き方。3分で着替え・準備。班長は兄。分隊長は父。
9分後　整列したまま駆け足。
14分後　急降下の訓練。腕立て伏せ。
18分後　分隊長到着。意気地のない者は淘汰される
20分後　訓練の後、モールス信号聞き取り。80点以下を3回取ると罷免
21分後　モールス信号訓練
　一人の責任が班全体の責任とされる。

B　映像の世紀第11集「JAPAN」NHK　1995年放映

チャプター10「敵国　JAPAN」　約50分後
当時のアメリカの日本の教育に対する見方―「汝の敵　日本を知れ」

「政府の認めたことしか教えない」
「日本人は神の子孫」
「天皇に命をささげるのだと教えられる」

〈教材として〉
　誇張や偏見も混じるが、「同じように考える生徒を大量生産」という指摘など、教育に対する分析として討議材料となる部分がある。

C　『兎の眼』　　　1979年

82分後　「なに」と黒板に書いて、大きな箱を教卓に置いている
84分後　箱を開ける　ソニーの表示　テレビかな？
　　　　ソニーの箱から中に　さらに　広島みかん
85分後　小箱になる　「生き物」というヒント
86分後　なんだろうと期待する子どもたちの顔
　　　　ザリガニが出てくる

　そのことを作文の題材とする。子どもたちの興味・関心を引きつけ続け、最終的に作文指導に結びつけている。
　書き出し「僕はじっと見た　赤いヤツが出た　僕はずんとした」

D　『コンラック先生』　　　1974年

　下記に指摘する場面で、特徴的な指導の場面が登場する。
27分後　(ラッパを持ち出して)キリスト教　太平洋
29分後　野外での説明　ニュートン・ケプラー　お菓子を上から放る
32分後　花・植物についての野外学習
35分後　子宮の説明

E　『博士の愛した数式』　　　2006年

　最初の数学の授業で、なぜ自分が数学教員になったかという説明に回想が交錯する。黒板に書いた文字が少し右上がり気味。

10分後(チャプターでは3) 言葉の替わりとしての「数学」
  自然数と階乗の説明。素数は「素直」―法則性がない「独立自尊」孤高
27分後 友愛数の説明。発見したのはピタゴラス。「万物は数」

F 『平成若者図鑑 中学校・英語教師』23分 DVD2012年
4分後 授業をゲームから始める
  サイモンが言った。
  Simon says "touch your head" "touch your ears"
  その内容に従う。指示していない行動をしてはいけない。
17分後 予行練習「中学生は制服を着るべきか」
     生徒から黒板がどのように見えるかを研究している。
18分後 本番「中学生は携帯電話を持つべきか」
     「制服を着るべきか」グループ討論

　教育課程と教育方法のまとめとして、最後に「世界は一つのクラスルーム」という石田衣良の文章を紹介しよう。
　7歳のときに、石田は本のおもしろさに気づき、それから30年以上、好きな本を読み、好きな音楽を聴き、好きな映画を観る人生を過ごし、「好き」な病気が高じて結局自分でも本を書くようになった、としている。
　嫌な人、ずるい人、お世辞ばかりが上手な人、痛々しいほど真面目な人、あきれるほどいい加減な人がこの社会にはいるが、それは学校のクラスと一緒であり、「一つのクラスには、いろいろなタイプの生徒がいます。それをうんと拡大したのが、この世界なのだ」と石田は考え、「世界は一つのクラスルーム」という言葉を、若い世代に向けて贈るのである。以下引用する。

　あなたはクラスの中で、どんな役をやっていますか。いろいろな委員なんかに推されたりするほうでしょうか。勉強が得意だったり、運動で目立ったり、冗談で空気を明るくしたり、一つのクラスがきちんと動いていくには、

それはたくさんの役割があります。
　きっとあなたの未来は、今あなたがクラスの中でやっている役割の延長線上にあると、僕は思っています。
　そして、その先にあるあなたの仕事はきっと今あなたが好きなものにつながっているはずです。何かを好きになって、それに夢中になれる。飽きずに何年でも、集中して取り組める。そういうテーマが見つかったら、しめたものです。僕たちの世界では、十年間大好きでいられるものなら、たいていそれを仕事にして、一生続けられるものなのです。

　国語の教材ともいえるが、学級活動でも活用できそうである。
　教育課程としては、スタートである４月にふさわしい教材であり、同時に教育方法としては、直接学習者に呼びかけ、励まし、進路指導にも結びつけられる材料になるといえる。
　例えば、次のようなメッセージを受講生に発信するのである。

　今、属している集団の中での自分の位置をよく考えてみよう。
　どんな人間にも、集団の中での自分の存在意義があるはずだ。
　そして、自分が今「好き」だと思うことを大事にしてみよう。
　「好き」ということを継続すれば何らかの未来が開けるはず。

注

1) 馬居政幸・角替弘規『学習指導要領改訂のキーワード』解説　無藤隆　明示図書　2017年
2) 渡部淳「アクティブ・ラーニングは可能か」　『世界』岩波書店　2017年３月　p60
3) 鈴木大裕「結果責任の支配」『世界』岩波書店　2017年３月　p67

あとがき

　山田雅彦は『教育課程論　教師のための教育学シリーズ 6』学文社（2016年）のなかで、次のように書いている。

　かつて、教職教養関連の全集が刊行される際に、「教育課程論」は「教育方法論」と合巻で「教育課程・方法論」または「教育方法・課程論」として刊行されることが珍しくなかった。その理由として、日本の学校の教育課程編成の裁量権が小さく、それゆえ学習指導要領などを除けば教育課程について教職課程で学ぶべきことは少なく、たとえ専門的なことを論じても教師の力量形成には役立たないからだ、といわれていた。(p2)

　今回の学習指導要領では、教育課程の裁量権は、大きくなったのだろうか。過去の教育課程論は、確かに学習指導要領の理解が中心であり、アクティブな要素は少なかったと思われる。教育課程をテーマとして、受講者の発表等を重視したテキストを今回は構成した。山田雅彦の指摘するように、過去には教育方法論と教育課程論とは合体されていたことも多い。教育課程として「主体的・対話的」な学びということを深めていけば、教育方法論にも重なっていくのではないか、ということもあらためて認識した。サブタイトルにも示されているように、本書が 2020 年代に向けての教育課程論であり同時に教育方法論ともなれば有難い。

　師範学校予科を目指しながら**国民学校**卒業式の日に空襲にあい、校舎も教具も何もかもを失った**実母**は、新制中学校にかけて、戦後の教育課程の激動の中を生き続けたといえる。教育課程の変容はしばしば教育の過程にいる者の人生を変える。

　三恵社の林良和様には、2 冊連続して、最初から最後まで本当にお世話になりました。この場を借りて心からお礼申しあげたいです。

教育課程論 ―2020年代に向けての教育方法論―

2017年5月26日	初版発行			
2023年4月12日	第2版発行			

著 者　　梨木　昭平

定価(本体価格1,800円+税)

発行所　　株式会社　三恵社
〒462-0056 愛知県名古屋市北区中丸町2-24-1
TEL 052 (915) 5211
FAX 052 (915) 5019
URL http://www.sankeisha.com

乱丁・落丁の場合はお取替えいたします。
ISBN978-4-86487-684-1 C1037 ¥1800E